小学校の 壁面構成 12ヵ月

四季の自然・年中行事・特別教室

北山 緑

黎明書房

はじめに

★豊かで楽しい学校生活のために★

　学校の教室，玄関，廊下などの壁を利用した壁面構成は，楽しい雰囲気作りや創造力の育成などに役立ち，子どもたちの学校生活をより明るく，豊かなものにしてくれます。子どもたちが，生き生きと楽しい学校生活が送れるように，壁面構成を工夫してみましょう。

★本書の特徴★

　子どもたちが興味をもち，目を輝かせるような楽しい壁面構成を子どもたちと一緒に作っていただきたい。──── そんな思いで『小学校の楽しい壁面構成』の続刊としてこの本を制作しました。

　前書では，玄関，普通教室などの広い掲示スペースにふさわしい，月ごとの風物を中心とした壁面構成，子どもたちの共同制作，当番・係の表を紹介しました。

　そこで本書では，新しい題材を増やし，いろいろな場所で幅広く活用していただけるように，

　●四季の自然　●年中行事（学校行事や記念日）　●特別教室

の壁面構成を，活用のしかたや詳しい作り方とともに紹介しています。

　玄関，教室などの大きな壁面だけでなく，小さな壁面に掲示できるものも掲載しました。他にも，

- ポスターのように手軽につけはがしができ，もち運ぶことができる壁面構成
- 学習や学校生活などに生かすことができる壁面構成
- いろいろな素材，材料を使ったユニークな壁面構成
- でこぼこや立体を生かした新しい発想の壁面構成

など楽しい壁面構成を数多く紹介しています。

　もちろん前書と同様に

- 子どもたちと一緒に制作できる壁面構成
- 子どもたちの作品を生かした壁面構成

もたくさん掲載し，誰でも簡単に壁面構成ができるように配慮しています。

　2冊セットで活用していただくと，さらにたくさんの作品の中から，それぞれの季節や場所に応じた壁面構成を幅広く選んでいただけることと思います。

　これらの作品例を1つの参考として，子どもたちと一緒に工夫し，楽しく壁面構成をしていただければ幸いです。

北山　緑

● 教育実技シリーズ・4

小学校の壁面構成12ヵ月
―― 四季の自然・年中行事・特別教室 ――

―― 目　次 ――

四季の自然の壁面構成　　　　　　　　　　　　　　　　　　　ページ

　　春 ……………………………………………………………… 2
　　夏 ……………………………………………………………… 3
　　秋 ……………………………………………………………… 6
　　冬 ……………………………………………………………… 7

年中行事の壁面構成

　　4月 …………………………………………………………… 10
　　5月 …………………………………………………………… 14
　　6月 …………………………………………………………… 18
　　7月 …………………………………………………………… 22
　　8月 …………………………………………………………… 26
　　9月 …………………………………………………………… 30
　　10月 ………………………………………………………… 34
　　11月 ………………………………………………………… 38
　　12月 ………………………………………………………… 42
　　1月 …………………………………………………………… 46
　　2月 …………………………………………………………… 50
　　3月 …………………………………………………………… 54

特別教室の壁面構成

　　保健室 ………………………………………………………… 58
　　音楽室・図工室 ……………………………………………… 62
　　図書室 ………………………………………………………… 63

● 壁面構成の題材 ………………………………………………… 66
● 折り紙作品の作り方 …………………………………………… 68
● 型　紙 …………………………………………………………… 70

四季の自然の壁面構成

春 HARU

チューリップ

背景を変えて夏の壁面構成に変身させよう！

れんげ

春がきた

夏 NATU おひるね

春・夏

ぶどうがり

四季の自然の壁面構成

- 花や虫などの自然をモチーフにして，春夏秋冬，それぞれの季節にあった，季節感あふれる壁面構成を作ってみましょう。
- 子どもたちが簡単に作れるものを壁面構成に取り入れて，子どもたちと一緒に楽しく制作しましょう。

春 【チューリップ】　【れんげ】

- チューリップの花，葉の折り方は（P.68），低学年の児童でも簡単に折れます。

れんげの花の形

- れんげは，できるだけ子どもたちに実物の花を1本ずつ与えて，よく観察させましょう。さわったり，においをかいだりして，花と仲良くなってから，愛情をこめて描かせましょう。理科の学習にも役立ちます。
- れんげの葉は，緑の色画用紙を切りぬいて作ると簡単です。子どもたちにパスや絵の具で描かせてもいいですね。

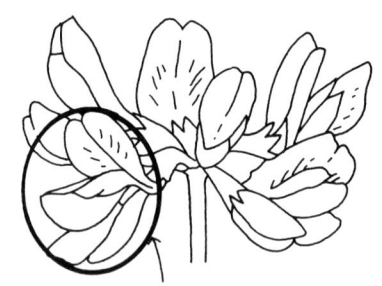

（こんな豆科の花が5～8個集まって，1つの花になっています。）

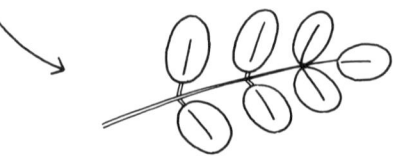

れんげの葉の形

- クラス全員や，学年全員の子どもたちの花を集めてはりつけると，大きなお花畑が簡単にできます。学年初めの共同制作に最適です。

- 校庭でみかけた虫を生活科や理科の学習を兼ねて，図鑑などを参考にして描かせてみましょう。（形が描けない子には，蝶の形に切りぬいた紙を与えて，蝶の羽の模様の美しさに注目して描かせてみましょう。）

▶ 子どもと蝶の型紙はP.70にあります。

春・夏

夏 【おひるね】……虫と一緒におひるね，きもちよさそう！

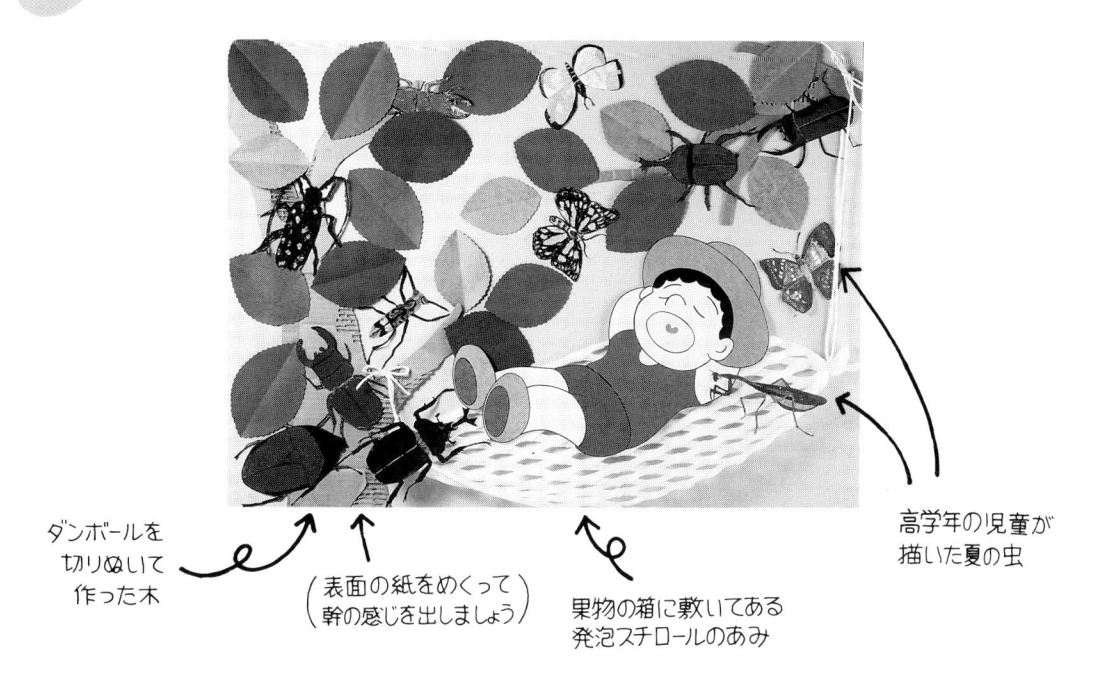

- ダンボールを切りぬいて作った木
- 表面の紙をめくって幹の感じを出しましょう
- 果物の箱に敷いてある発泡スチロールのあみ
- 高学年の児童が描いた夏の虫

【ぶどうがり】……ツヤツヤした，おいしそうなぶどうに大喜び！

ぶどうの作り方

子どもたちが毎日給食で飲んでいる牛乳のキャップと紫色のビニールを使って，子どもたちにぶどうの実を制作させてみましょう。

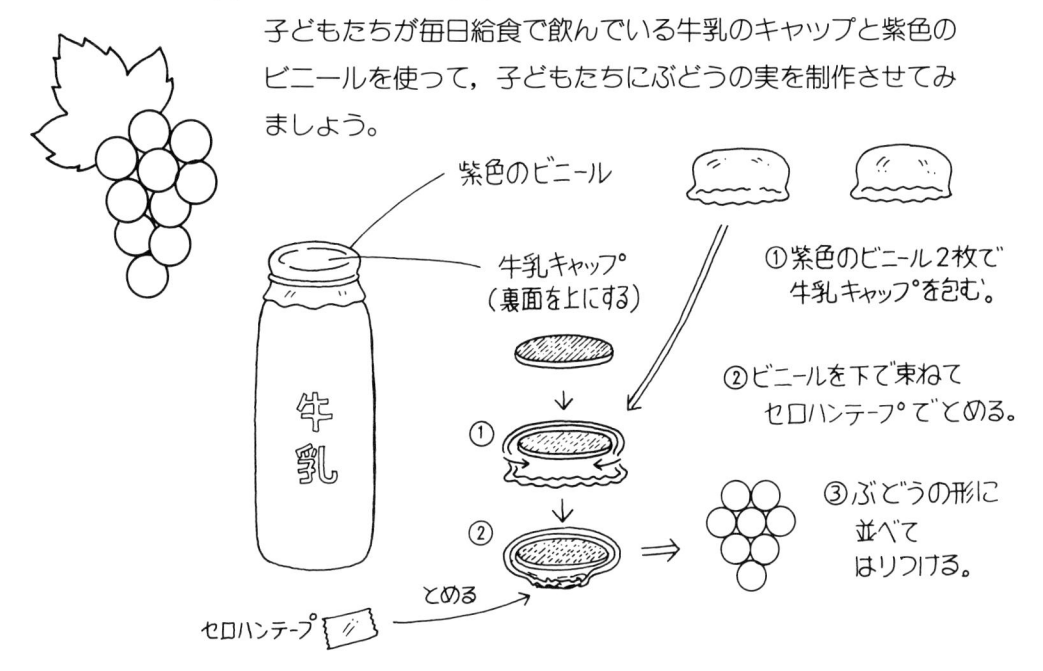

- 紫色のビニール
- 牛乳キャップ（裏面を上にする）
- セロハンテープ

① 紫色のビニール2枚で牛乳キャップを包む。

② ビニールを下で束ねてセロハンテープでとめる。

③ ぶどうの形に並べてはりつける。

▶ 子どもとぶどうの葉の型紙はP.71にあります。

秋 AKI

コスモス

木の葉で遊ぼう

冬 HUYU 雪やこんこん

秋・冬

サイネリア

秋 【コスモス】……秋の花，秋の虫，秋の空を素直に表現しました。

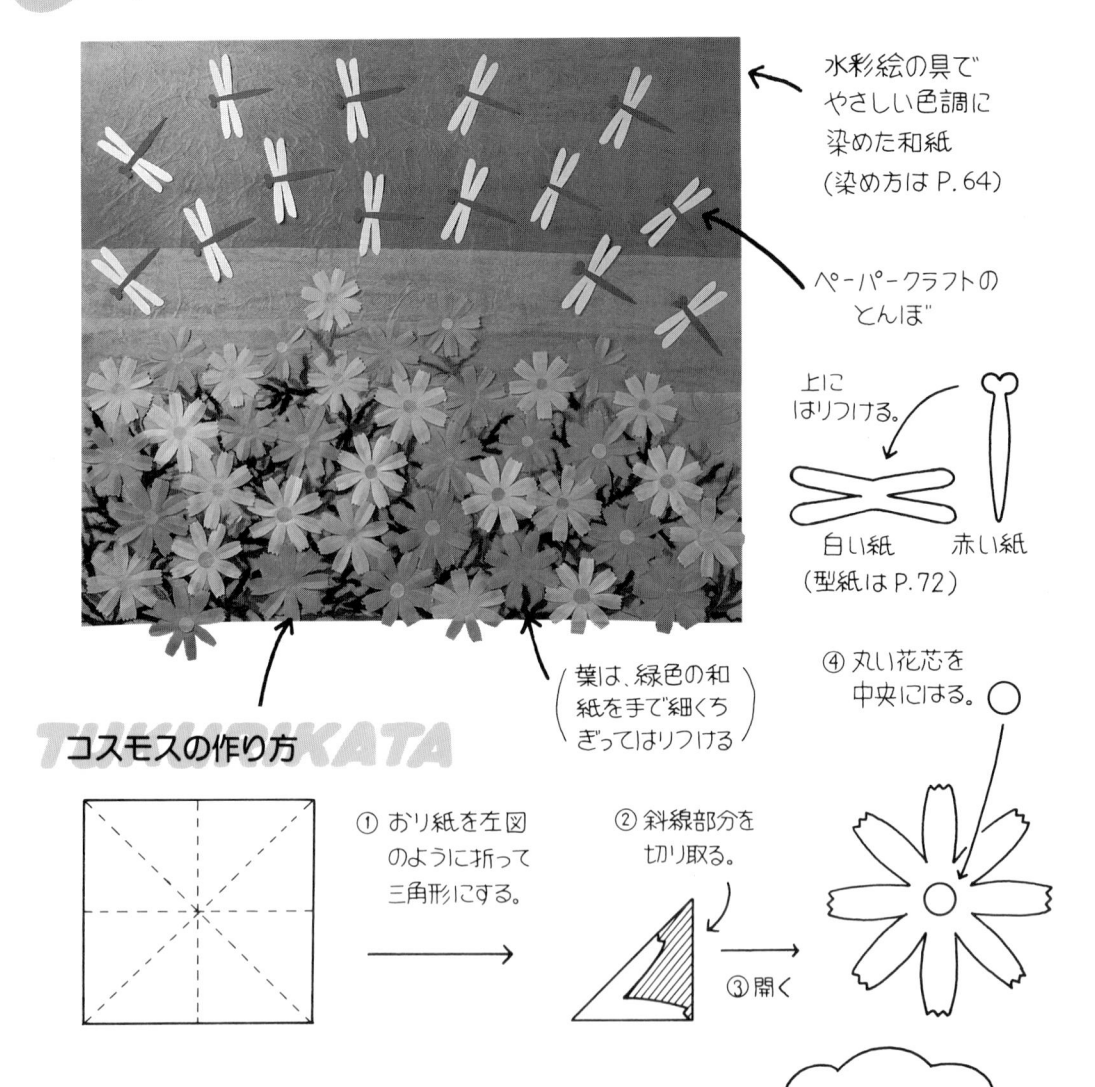

水彩絵の具で
やさしい色調に
染めた和紙
（染め方は P.64）

ペーパークラフトの
とんぼ

上に
はりつける。

白い紙　　赤い紙
（型紙は P.72）

④ 丸い花芯を
中央にはる。

葉は，緑色の和
紙を手で細くち
ぎってはりつける

コスモスの作り方

① おり紙を左図
のように折って
三角形にする。

② 斜線部分を
切り取る。

③ 開く

【木の葉で遊ぼう】

- 1，2年生の生活科で学習する「木の葉であそぼう」を そのまま壁面構成にしました。学習に役立ちます。
- 子どもたちが，色とりどりの秋の木の葉で作った動物や 虫たち。小人になって一緒に遊んでみたいな！…子ども たちの夢を表現してみましょう。
- 木の葉が色づいたら，子どもたちが集めてきた本物の木 の葉で制作してみましょう。

▶ 木の葉の型紙は P.72にあります。

みつけてみよう！

木の葉で作った蝶，
とんぼ，うさぎ，人間，
かめ，だちょう，たぬき，
金魚の他に，チュー
リップもあるよ。
みつかるかな？

秋・冬

冬 【雪やこんこん】 ……ワーイ雪の精が降りてきた！

- カラー片面ダンボール
- キルト芯の布……雪のやわらかい感じが出ます。（手芸店で売っている厚みのある芯布）
- フェルト布

雪の結晶の作り方

------ 谷折リ
―・―・― 山折リ

① 3つに折る
② 2つに折る
③ 斜線のところだけ残して切る。
④ 開く

（切り方を変えると違った形の結晶になります。）

【サイネリア】

- 2年生の子どもたちが、教室にある鉢植えのサイネリアの花を見て、一生懸命パスで描きました。
- 色調の違った2～3色の緑色の画用紙で大きな葉を作り、その上に子どもたちが描いた花をはるだけで、簡単に制作できます。

サイネリアの葉の形

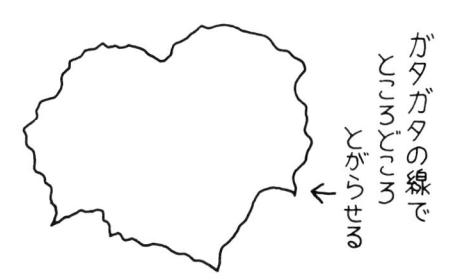

ガタガタの線でところどころとがらせる

年中行事の壁面構成

4月 SIGATU 入学式　1年生との対面式

はじめまして　よろしくね

- ワクワク・ドキドキしながら入学してきた1年生。「はじめまして！」「よろしくね！」学校の上級生も花たちも、今日からみんな友だちです。
- 桜やタンポポの花を子どもたちと一緒に制作しましょう。

★壁面構成を通して、新入生を温かく迎える雰囲気づくりをし、上級生になる自覚を育てましょう。

給食開始

4月

新学期

↑ ● 3年生の児童が顔を描きました。服のそでと手をつけるだけで,「ワーイ」と歓声をあげて喜んでいる子どもたちになります。
　★どの子も意欲をもって,喜んで新学期が迎えられるよう,楽しい壁面構成にしましょう。

← ●「早く給食が食べたいな」そう子どもたちが思ってくれるように,おいしそうなおかずやパンを紙やフェルト布を使って制作しました。
　● おかずは,子どもたちにいろいろ作らせてみましょう。

★給食室やランチルームの壁面にも最適です。

P.10 桜の作り方

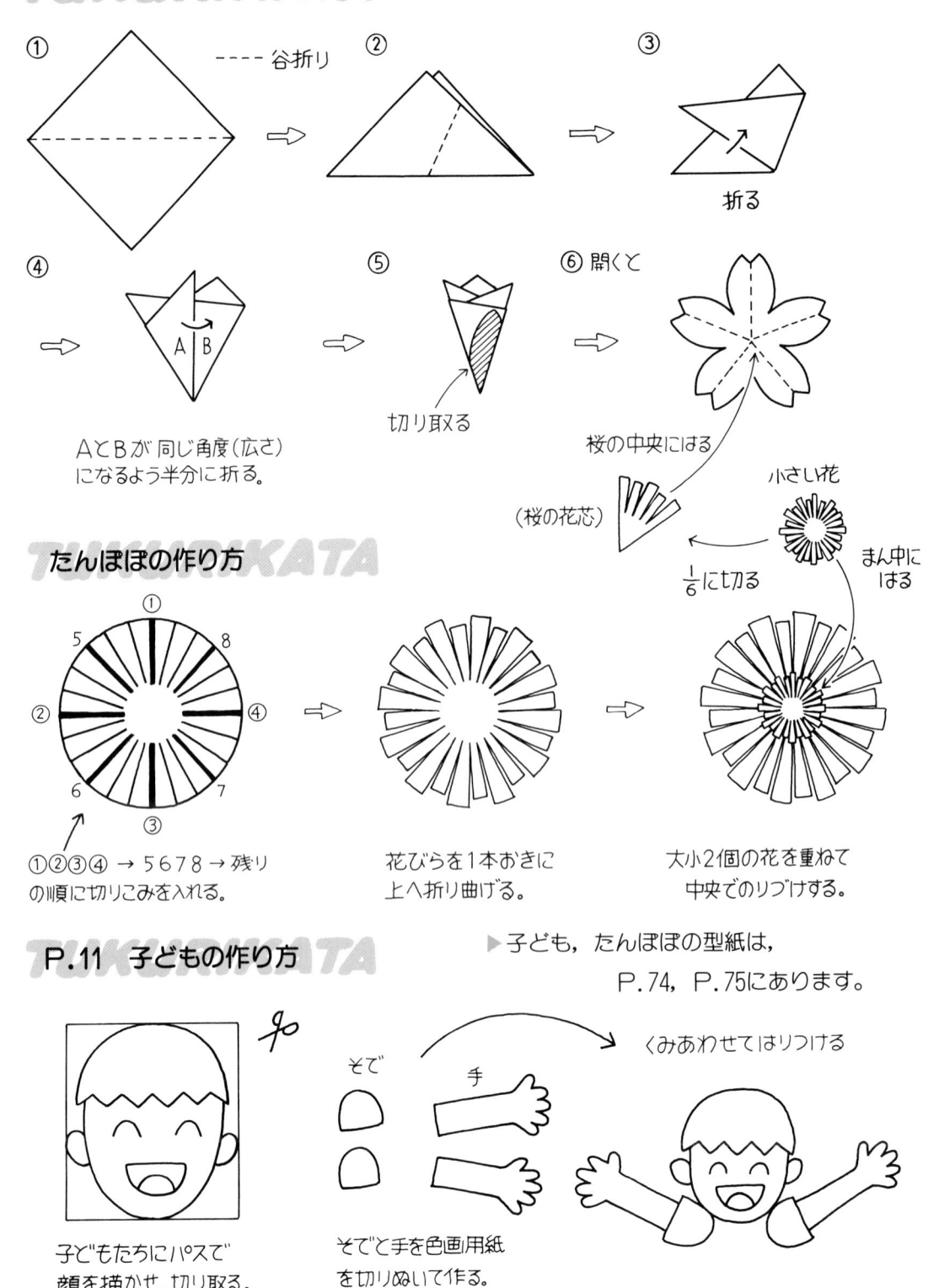

① ----- 谷折リ
②
③ 折る
④ AとBが同じ角度（広さ）になるよう半分に折る。
⑤ 切り取る
⑥ 開くと

桜の中央にはる
（桜の花芯）
$\frac{1}{6}$に切る
小さい花
まん中にはる

たんぽぽの作り方

①②③④ → 5678 → 残リの順に切りこみを入れる。

花びらを1本おきに上へ折り曲げる。

大小2個の花を重ねて中央でのリづけする。

P.11 子どもの作り方

▶ 子ども，たんぽぽの型紙は，P.74，P.75にあります。

子どもたちにパスで顔を描かせ、切り取る。

そで　手
そでと手を色画用紙を切りぬいて作る。

くみあわせてはりつける

4月

P.10 給食の作り方

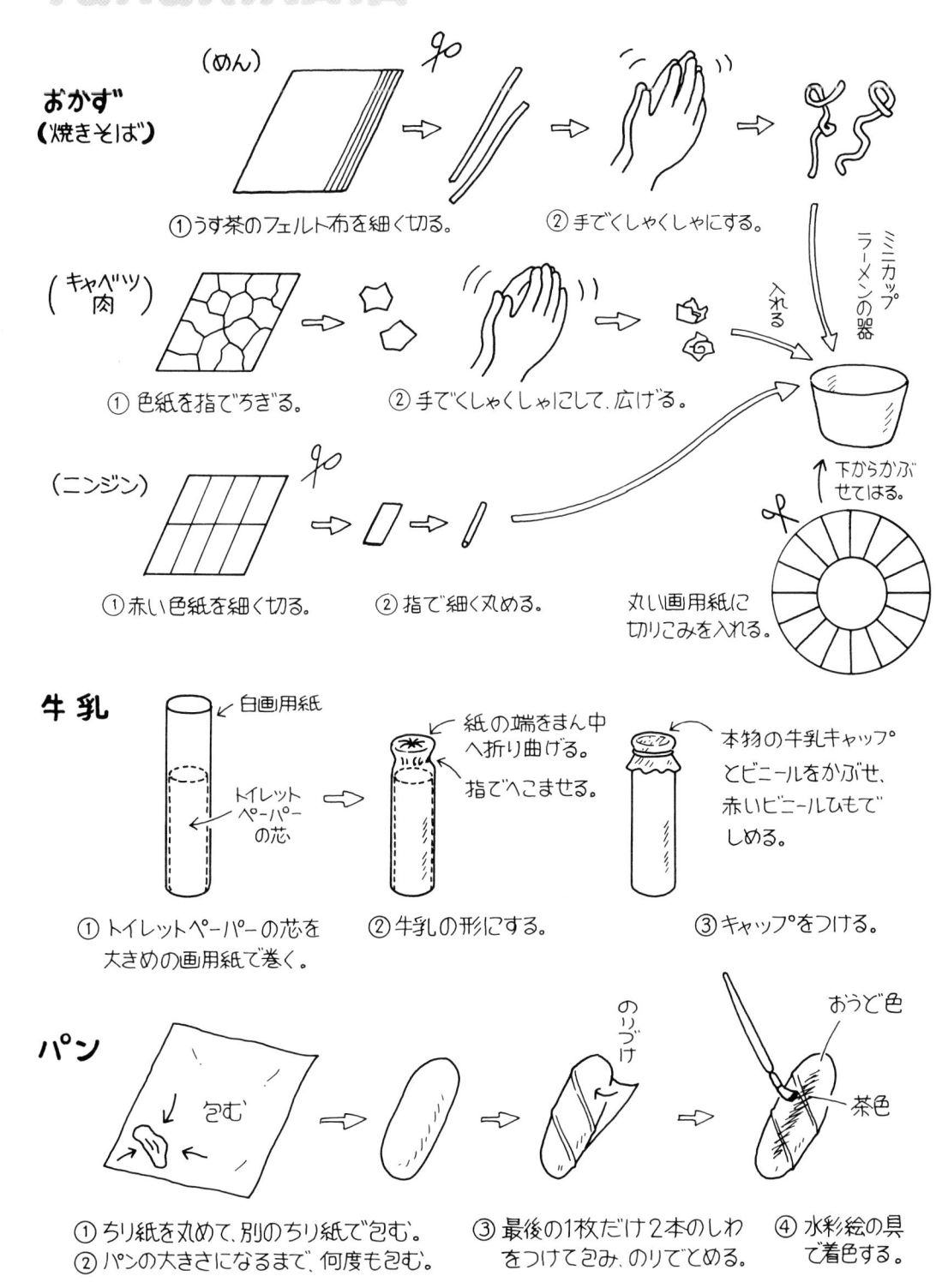

おかず（焼きそば）

（めん）
① うす茶のフェルト布を細く切る。
② 手でくしゃくしゃにする。

（キャベツ・肉）
① 色紙を指でちぎる。
② 手でくしゃくしゃにして、広げる。

（ニンジン）
① 赤い色紙を細く切る。
② 指で細く丸める。

入れる → ミニカップラーメンの器

丸い画用紙に切りこみを入れる。
↑ 下からかぶせてはる。

牛乳

① トイレットペーパーの芯を大きめの画用紙で巻く。（白画用紙／トイレットペーパーの芯）
② 牛乳の形にする。（紙の端をまん中へ折り曲げる。指でへこませる。）
③ キャップをつける。（本物の牛乳キャップとビニールをかぶせ、赤いビニールひもでしめる。）

パン

① ちり紙を丸めて、別のちり紙で包む。
② パンの大きさになるまで、何度も包む。
③ 最後の1枚だけ2本のしわをつけて包み、のりでとめる。（のりづけ）
④ 水彩絵の具で着色する。（おうど色／茶色）

▶ 子どもの型紙は、P.73にあります。

5月 GOGATU 春の遠足

- ⬆ ● サンドイッチ，巻きずしは，フェルト布を重ねあわせて，立体的に制作しました。
- ★ 色紙や布，スポンジなどを使って，子どもたちにお弁当を作らせてみましょう。図工科の教材にも最適です。

▶ 子どもの型紙はP.76にあります。

- ● ハトは，子どもたちに折らせてみましょう。遠くへ行くほど，淡い色の小さなハトにすると，遠近感が出ます。
- ● 風船のひもは，モールを使いました。 ▶ 子どもの型紙はP.77にあります。

- ● 子どもたちが，お母さんへ心をこめて，メッセージカードを作りました。
- ● カーネーションは，リボンや針金を使って作りました。色紙やクレープ紙でも制作できます。

▶ お母さんの型紙はP.92にあります。

5月

愛鳥週間

鳥となかよし

母の日

おかあさん ありがとう！

P.14 立体的なサンドイッチ, 巻きずしの作り方

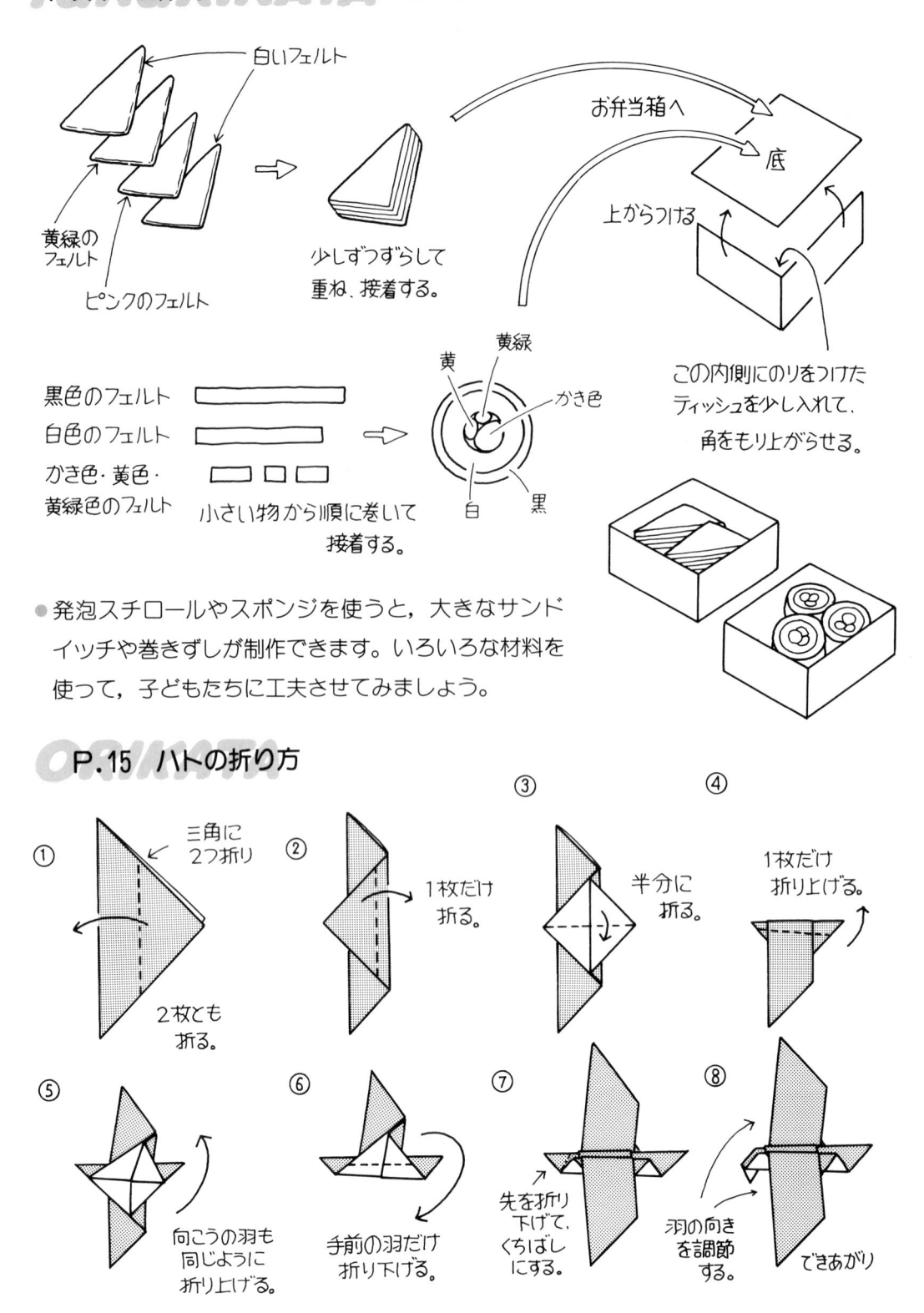

- 白いフェルト
- 黄緑のフェルト
- ピンクのフェルト

少しずつずらして重ね、接着する。

お弁当箱へ
底
上からつける

この内側にのりをつけたティッシュを少し入れて、角をもり上がらせる。

- 黒色のフェルト
- 白色のフェルト
- かき色・黄色・黄緑色のフェルト

黄 / 黄緑 / かき色 / 白 / 黒

小さい物から順に巻いて接着する。

● 発泡スチロールやスポンジを使うと,大きなサンドイッチや巻きずしが制作できます。いろいろな材料を使って,子どもたちに工夫させてみましょう。

P.15 ハトの折り方

① 三角に2つ折り / 2枚とも折る。
② 1枚だけ折る。
③ 半分に折る。
④ 1枚だけ折り上げる。
⑤ 向こうの羽も同じように折り上げる。
⑥ 手前の羽だけ折り下げる。
⑦ 先を折り下げて、くちばしにする。
⑧ 羽の向きを調節する。 できあがり

5月

P.15 カーネーションの作り方

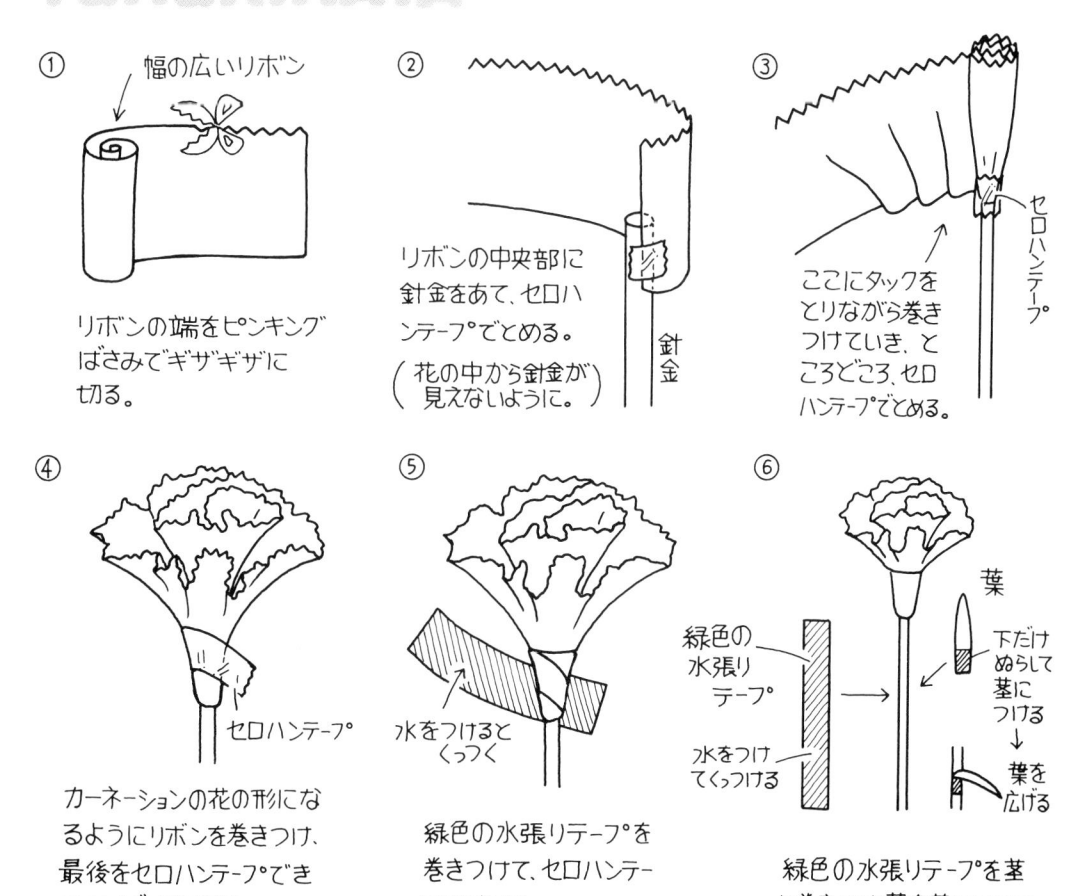

① 幅の広いリボン

リボンの端をピンキングばさみでギザギザに切る。

② リボンの中央部に針金をあて、セロハンテープでとめる。（花の中から針金が見えないように。）針金

③ ここにタックをとりながら巻きつけていき、ところどころ、セロハンテープでとめる。セロハンテープ

④ セロハンテープ

カーネーションの花の形になるようにリボンを巻きつけ、最後をセロハンテープできつくしばってとめる。

⑤ 水をつけるとくっつく

緑色の水張りテープを巻きつけて、セロハンテープをかくす。

⑥ 緑色の水張りテープ　水をつけてくっつける　葉　下だけぬらして茎につける　葉を広げる

緑色の水張りテープを茎に巻きつけ、葉を茎につける。

→ ほお紅をぬる

→ 子どもたちの手作りカード

（形やもようメッセージなどを工夫させてみましょう。）

→ 関節部分は折り線をつけて曲げる

6月 虫歯予防デー 歯みがき訓練

歯（は）をみがこう

虫歯（むしば）は何本（なんぼん）あるかな？

下の歯をめくると？

歯（は）をみがこう

虫歯（むしば）は何本（なんぼん）あるかな？

6月

父の日

⬆ ● 顔は，紙皿を使って簡単に制作できます。
● 服は，布を切って，はりつけてみました。いろいろな素材を使うと，子どもたちは興味をもって見ます。
● まわりに，お父さんの好きなものを並べてみました。子どもたちが書いたお父さんへのメッセージや作文をはってみてもいいですね。

⬅ ● 上歯は，食品のトレイを切りぬいて作りました。
● 下歯は，めくって遊べるように画用紙で作りました。
● 歯ブラシは，アイスクリームの長い木さじと，果物を包んでいる発泡スチロールのネットを使って制作しました。

★ 保健室の壁面にも，歯みがきの指導にも使えます。

P.18 歯の作り方

(上の歯)

食品のトレイ → 歯の形に切りぬく。 → 切りぬいた歯を全部並べる。厚みのあるリアルな歯のできあがり。

(下の歯)

白画用紙を2つ折りにする。 → 2つ折りのまま、下歯の形に切りぬく。 → 広げて、内側に黒サインペンで虫歯を描く。

歯をみがこう

虫歯は何本あるかな?

歯ブラシの作り方

発泡スチロールのネット → 切り取る → セロハンテープなどでうらにはりつける。

セロハンテープ

アイスクリームの長い木のさじ

6月

P.19 紙皿で簡単にできる顔の作り方

（男の子）

切り取る
肌色で着色する
鼻
はりつける

片面ダンボールを切りぬいて髪の毛、まゆ、目、鼻、口を作る。

（女の子）

はりつける

（お父さん）

切り取る
黒で着色する
肌色で着色する

耳、まゆ、目、口、鼻をはりつける

切り取る
黒で着色する
針金を曲げて作る
肌色で着色する

まゆ、めがね、目、鼻、ひげをはりつける

▶ お父さん，子どもの型紙はP.78，P.79にあります。

7月 SITIGATU プール開き

《低学年》

《高学年》

7月

- みんなが楽しみにしていたプール開き！子どもたちの歓声が聞こえてきそうです。
- 子どもたちが，泳ぐ子どもの顔を描きました。
- 白い台紙の上に青色のセロノァンをくしゃくしゃにしわをつけてはってみました。波立った感じが表現できます。

海の日

- 7月20日は海の日。海を愛する心を育てましょう。
- 魚は，2年生の児童が「魚屋さんごっこ」で作った魚です。
- ヨットは，1年生の児童にも簡単に作れる折り紙です。

P.22 プール開きの作り方

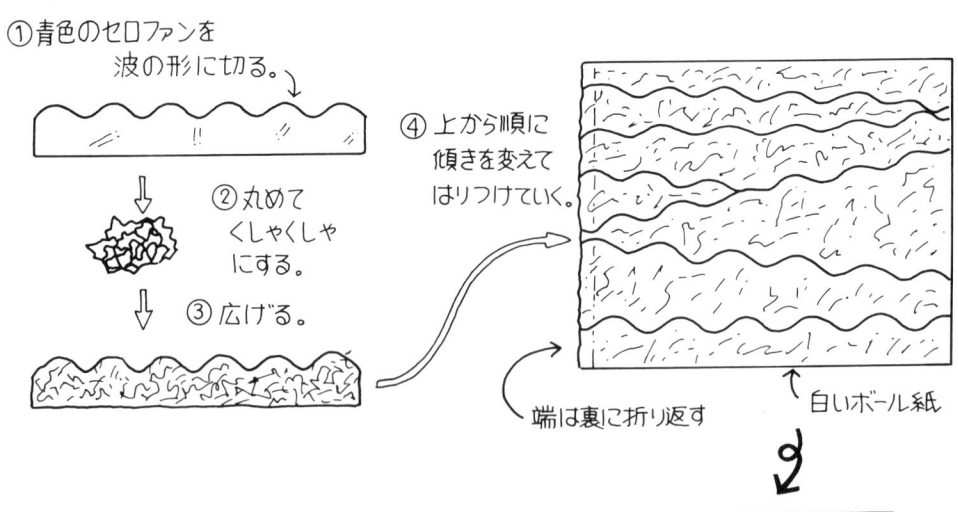

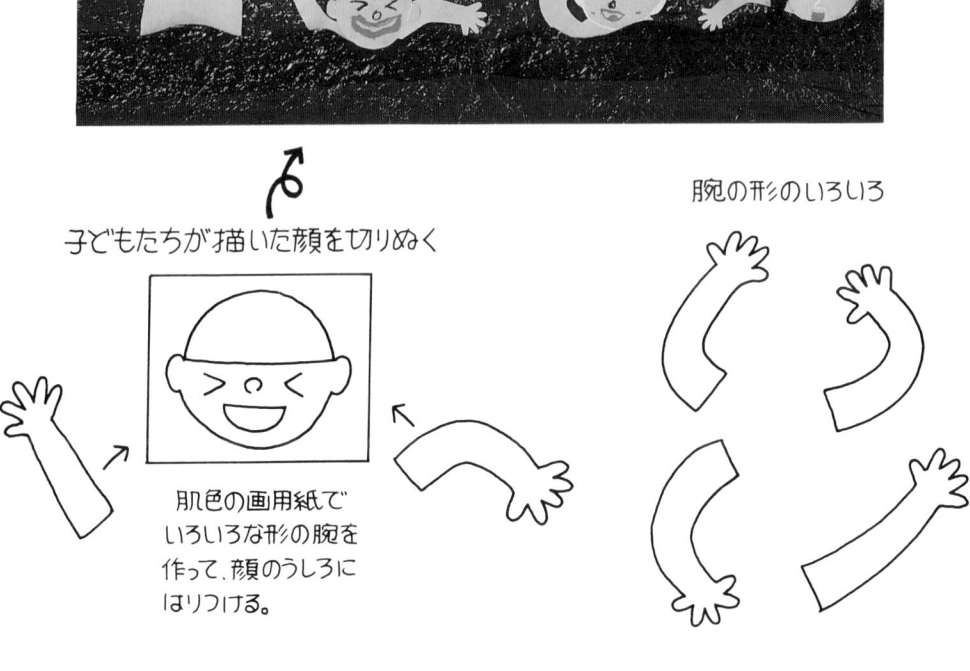

① 青色のセロファンを波の形に切る。

② 丸めてくしゃくしゃにする。

③ 広げる。

④ 上から順に傾きを変えてはりつけていく。

端は裏に折り返す

白いボール紙

子どもたちが描いた顔を切りぬく

肌色の画用紙でいろいろな形の腕を作って、顔のうしろにはりつける。

腕の形のいろいろ

7月

左ページと同じようにしわをつけて広げ、上から順にはりつけていく。

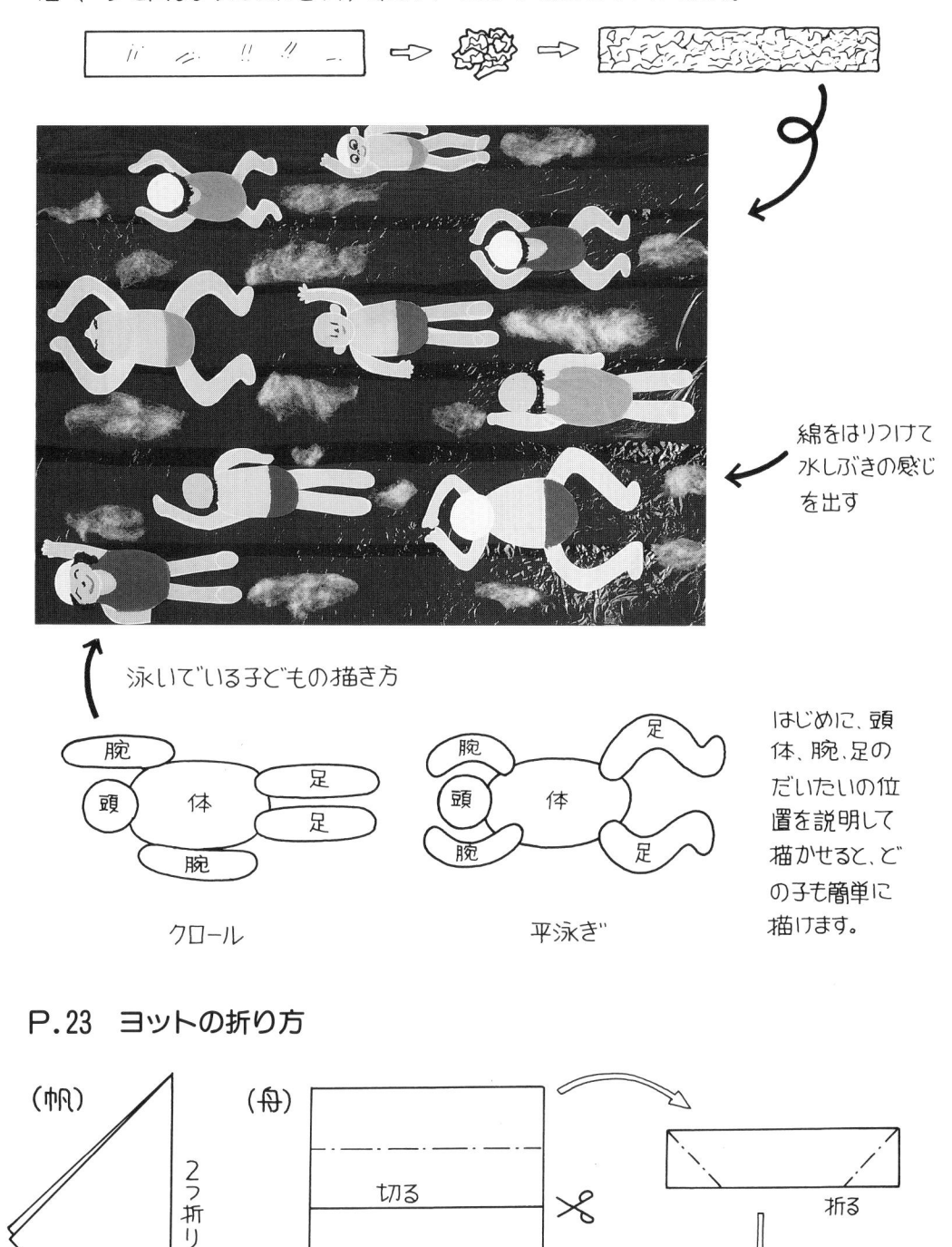

綿をはりつけて水しぶきの感じを出す

泳いでいる子どもの描き方

クロール　　　　平泳ぎ

はじめに、頭、体、腕、足のだいたいの位置を説明して描かせると、どの子も簡単に描けます。

P.23　ヨットの折り方

（帆）2つ折り　　（舟）切る　→　折る　→　下にはりつける

8月 HATIGATU

ラジオ体操

- すがすがしい朝，あさがおと一緒に早起きして，朝のラジオ体操に参加しましょう。
- あさがおは，低学年の児童にも簡単に作れる折り紙です。子どもたちと作ってみましょう。（折り方はP.28）
  ▶ 子どもの型紙はP.80, P.81にあります。

⬇★リュックを背負った子どもをたくさん作っておくと，背景を変えるだけで，臨海学校，キャンプ，遠足，登山，社会見学（P.35参照）などの壁面構成に応用できます。
  ▶ 子どもの型紙はP.82, P.83にあります。

林間学校

うれしいな 林間学校

8月

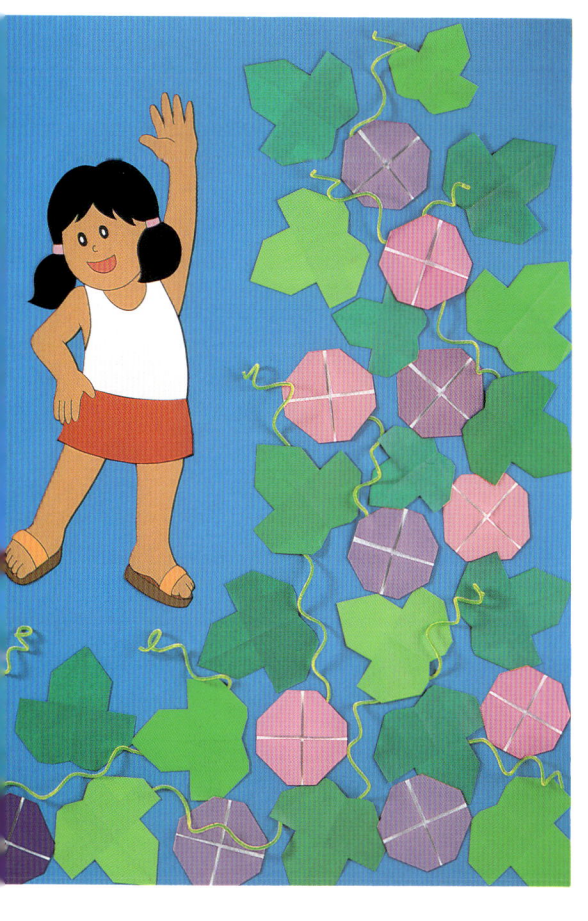

- 子どもたちが水彩絵の具で描いた花火を切りぬいて，夜空にかざってみました。
- ゆかたは，千代紙のおり紙1枚で簡単に制作できます。
- ★ うしろ向きの子どもたち，どんな顔で花火を見ているのかな？ 想像させてみましょう。

花火大会

P.26 あさがおの折り方

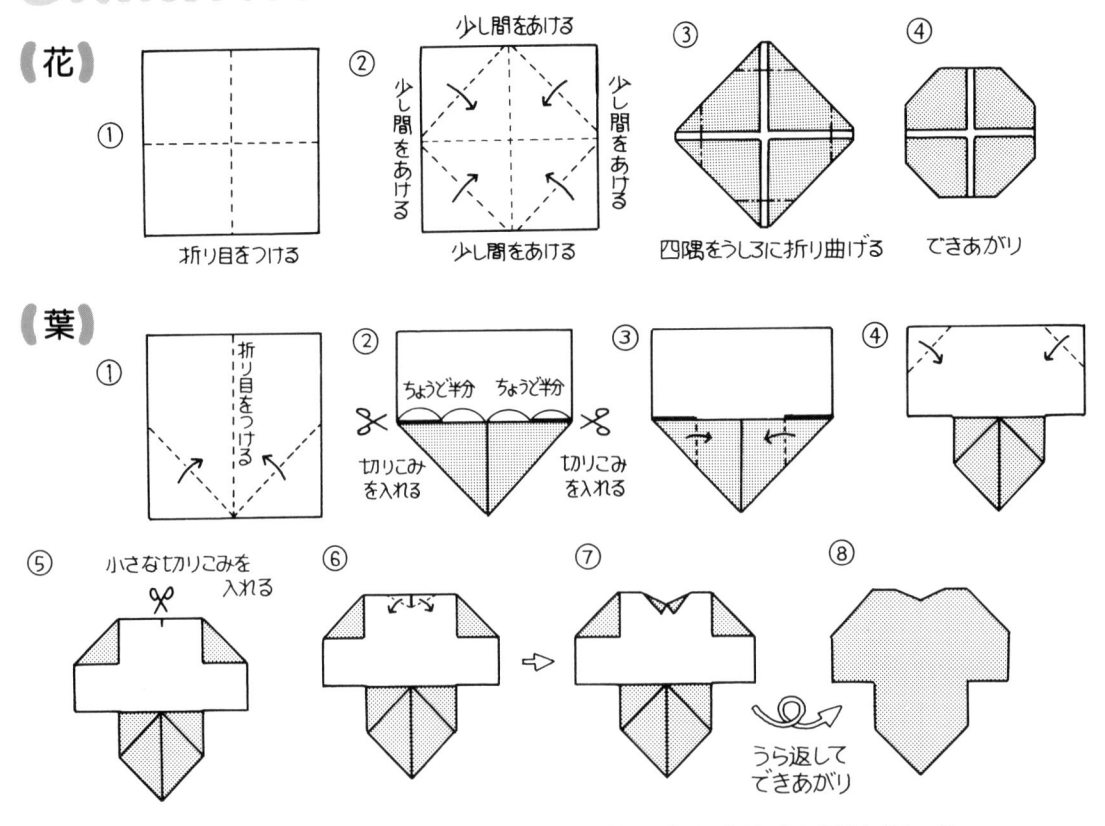

〔花〕

① 折り目をつける
② 少し間をあける / 少し間をあける / 少し間をあける / 少し間をあける
③ 四隅をうしろに折り曲げる
④ できあがり

〔葉〕

① 折り目をつける
② ちょうど半分　ちょうど半分　切りこみを入れる　切りこみを入れる
③
④
⑤ 小さな切りこみを入れる
⑥
⑦
⑧ うら返してできあがり

・つるは、黄緑色のモール、リボン、紙テープ、ひもなどを利用しましょう。

P.27 花火の描き方

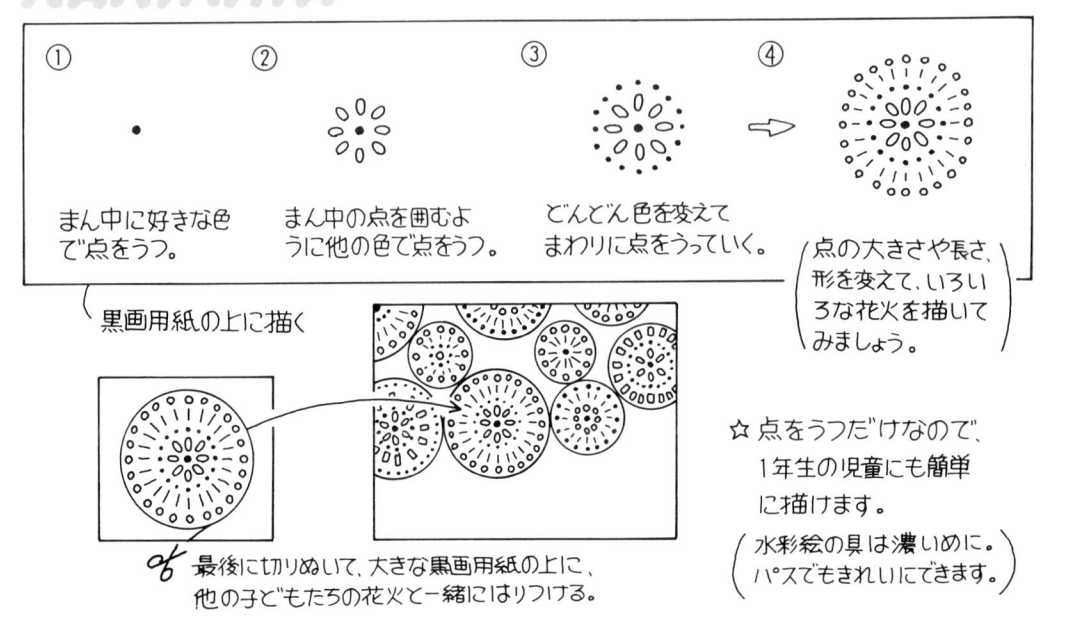

① まん中に好きな色で点をうつ。
② まん中の点を囲むように他の色で点をうつ。
③ どんどん色を変えてまわりに点をうっていく。
④ （点の大きさや長さ、形を変えて、いろいろな花火を描いてみましょう。）

黒画用紙の上に描く

最後にきりぬいて、大きな黒画用紙の上に、他の子どもたちの花火と一緒にはりつける。

☆ 点をうつだけなので、1年生の児童にも簡単に描けます。

（水彩絵の具は濃いめに。パスでもきれいにできます。）

28

8月

P.27 ゆかたの作り方

千代紙やもようのあるおり紙を用意しましょう。切りこみを入れて折ったり，丸めたりするだけで，簡単にゆかたが作れます。

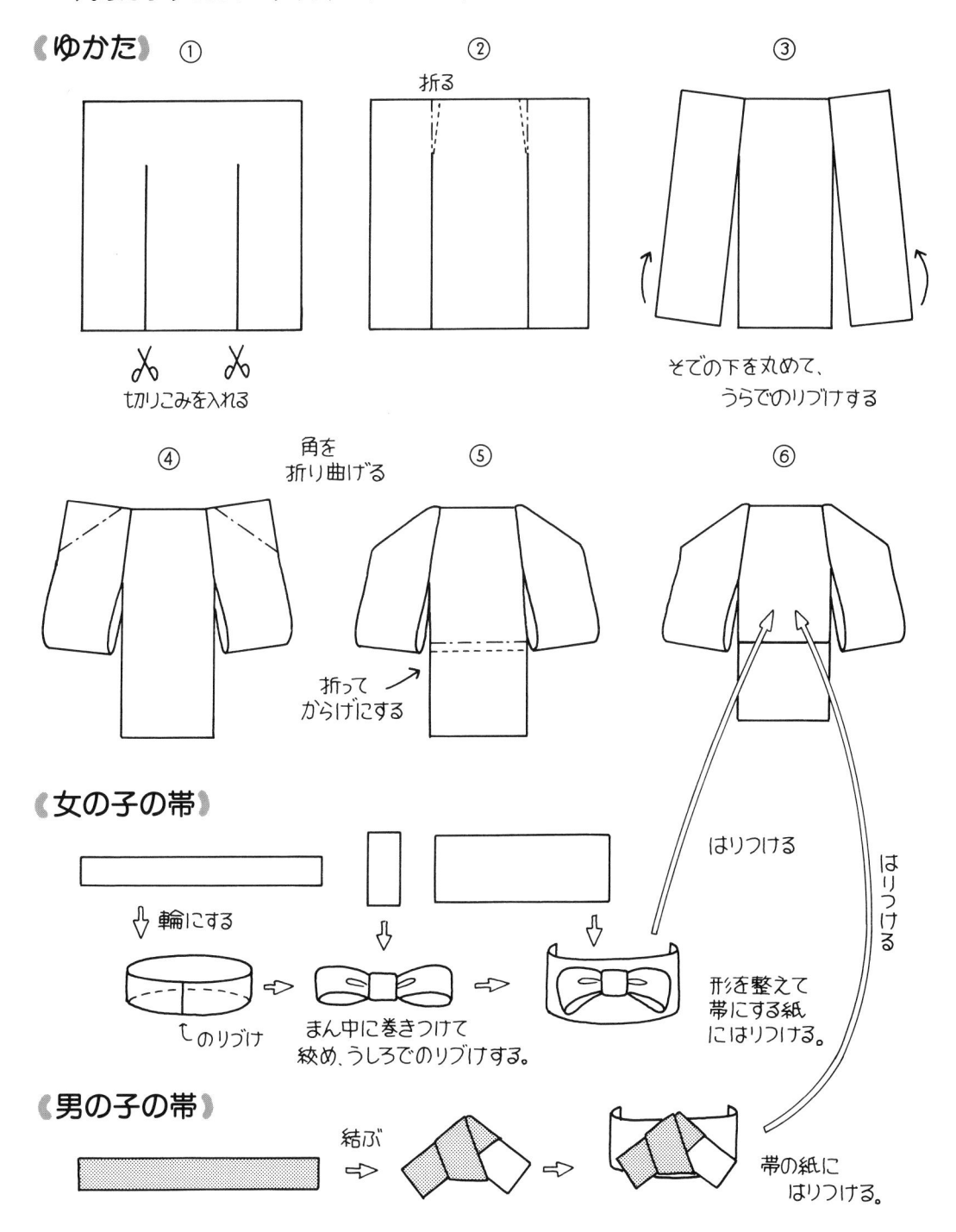

《ゆかた》

① 切りこみを入れる

② 折る

③ そでの下を丸めて、うらでのりづけする

④ 角を折り曲げる

⑤ 折ってからげにする

⑥ はりつける

《女の子の帯》

輪にする → のりづけ → まん中に巻きつけて絞め、うしろでのりづけする。 → 形を整えて帯にする紙にはりつける。

《男の子の帯》

結ぶ → → 帯の紙にはりつける。

9月 お月見（夢の月旅行）

↑ ● 宇宙船や惑星は，子どもたちが制作しました。
　● うさぎが出てくるお月見とは一味違った，未来への夢あふれる壁面構成です。

● おじいさん，おばあさんへの温かい気持ちが伝わるような壁面 → 構成にしましょう。
● ざぶとんのふさやお茶のゆげは，毛糸を使いました。

● 紙皿で作ったひょうきんな動物たち，いつも子どもたちと仲良 → しです。動物に対する思いやりを育てましょう。
● 顔も手も簡単な形なので，子どもたちにも制作できます。

敬老の日

9/15は 敬老の日

いつまでも げんきでいてね。

動物愛護週間

P.30 星空の作り方

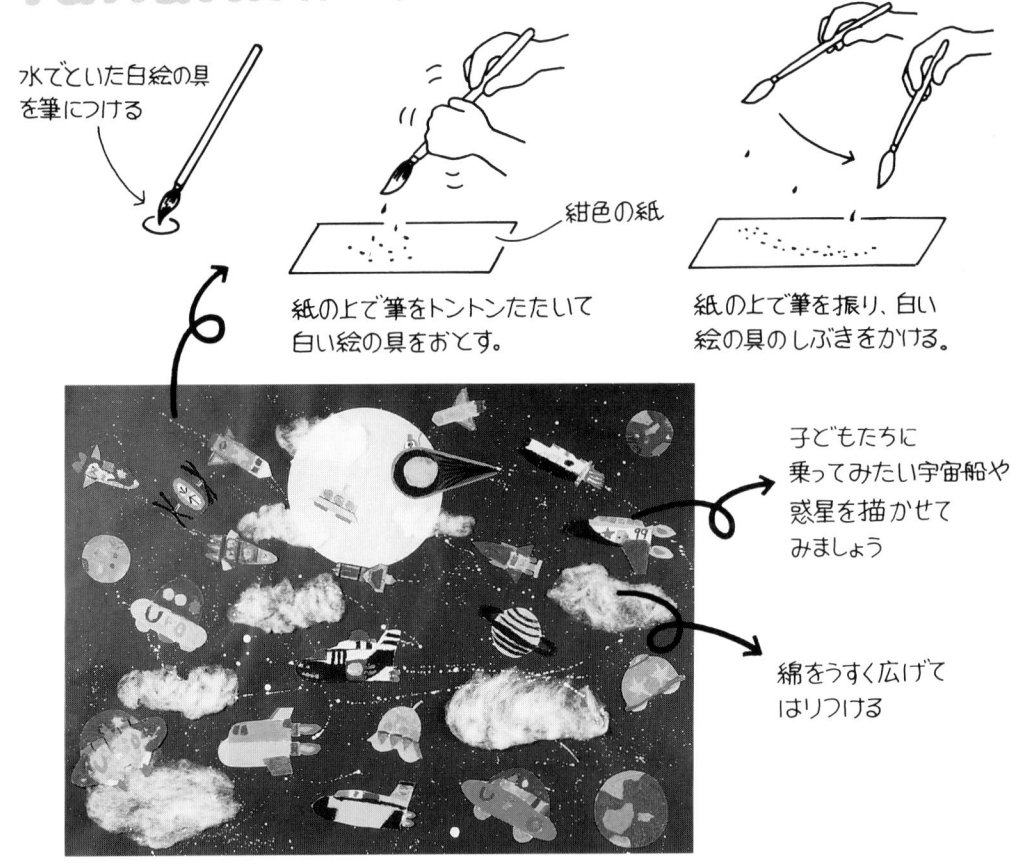

水でといた白絵の具を筆につける

紙の上で筆をトントンたたいて白い絵の具をおとす。

紺色の紙

紙の上で筆を振り、白い絵の具のしぶきをかける。

子どもたちに乗ってみたい宇宙船や惑星を描かせてみましょう

綿をうすく広げてはりつける

P.31 紙皿で簡単にできる顔の作り方

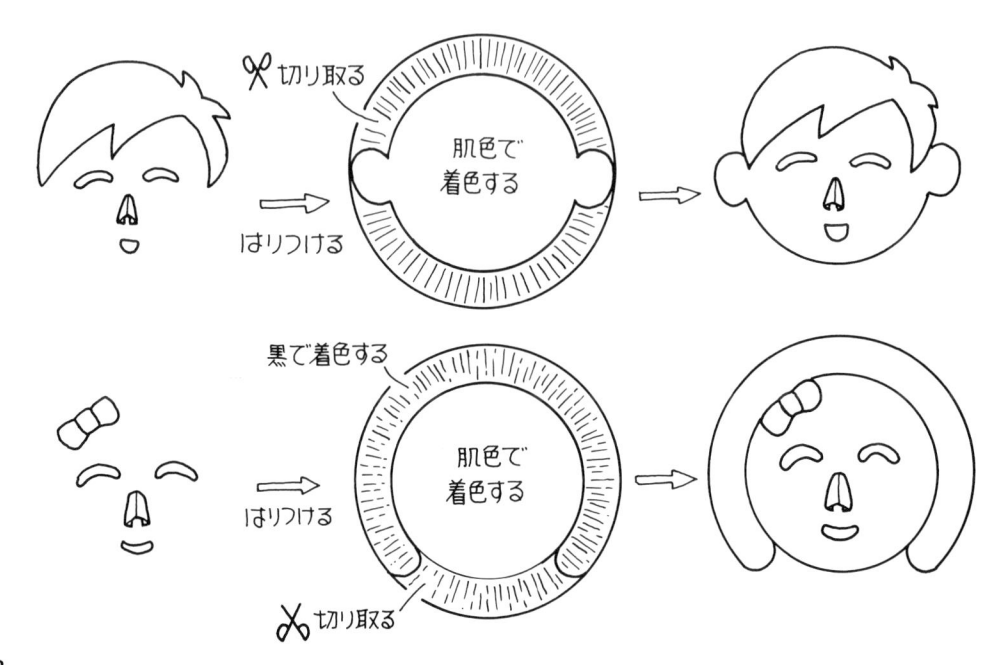

切り取る

肌色で着色する

はりつける

黒で着色する

肌色で着色する

はりつける

切り取る

9月

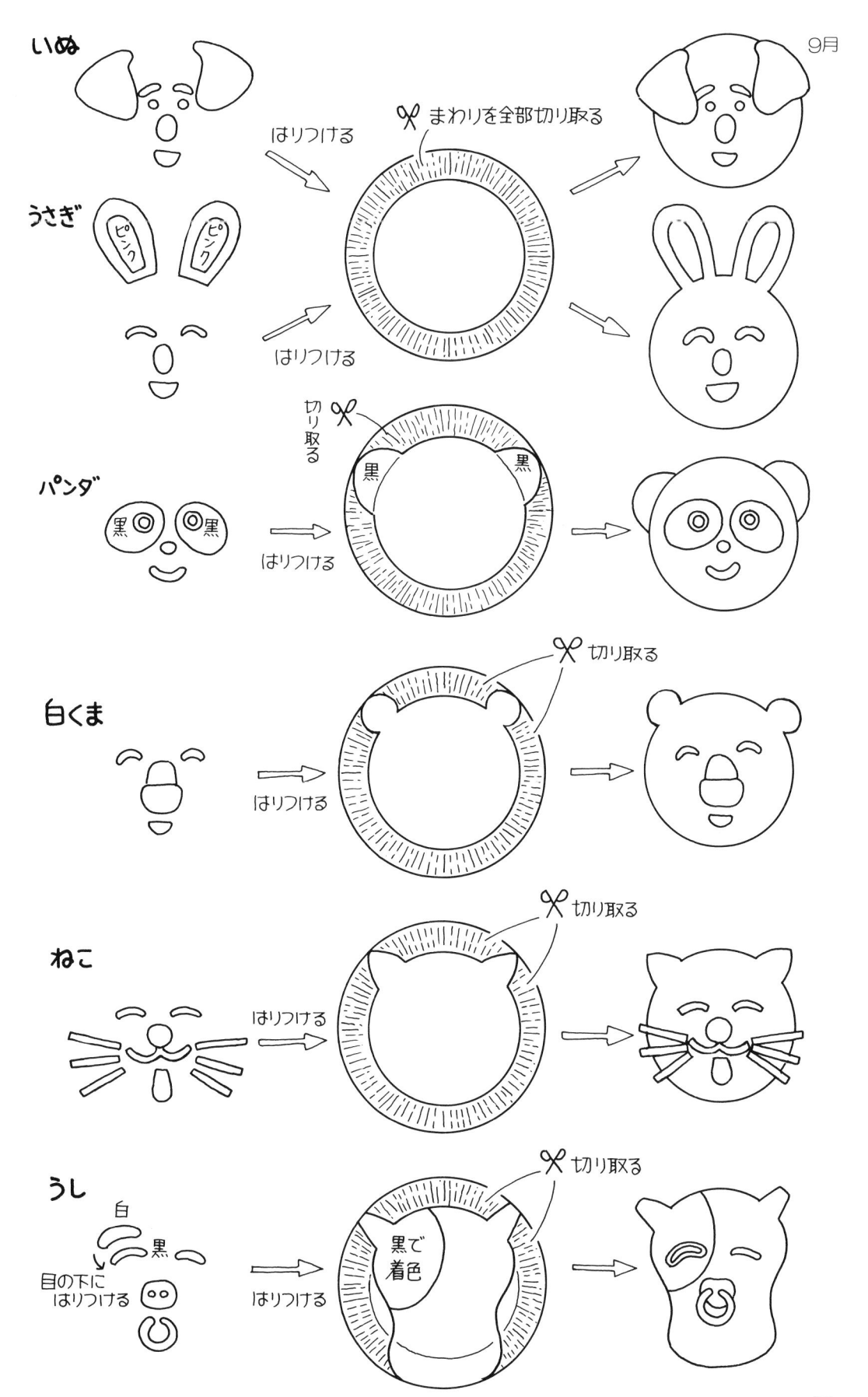

いぬ → はりつける → まわりを全部切り取る →

うさぎ (ピンク) → はりつける →

パンダ (黒) → はりつける → 切り取る / 黒 →

白くま → はりつける → 切り取る →

ねこ → はりつける → 切り取る →

うし 白 / 黒 / 目の下にはりつける → はりつける → 黒で着色 / 切り取る →

33

10月 ZYUUGATU　運動会　体育の日

うんどうかい

- ↑ みんなが一生懸命練習に励み，楽しみにしている運動会！壁画構成で雰囲気をもりあげ，「がんばるぞ」と意欲をもたせましょう。

- 玉入れを上から見た壁面構成です。→
  低学年の児童の発達段階にあわせて作りました。
- 片面ダンボールの上に
  - 子どもたちが描いた絵
  - 色紙を丸めた玉
  - 果物ネットのかご

  をはりつけて制作しました。

10月

社会見学　秋の遠足

- 8月の林間学校で制作したリュックサックを背負った子どもたちを再び使いました。背景を変えると，いろいろな壁面構成に応用できます。
- 行き先に応じて，背景を変えてみましょう。
- 煙突から出ているけむりは，綿で制作しました。

P.34 「運動会」「体育の日」の作り方

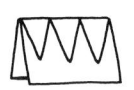

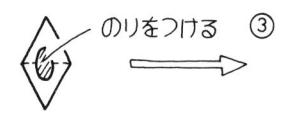

① 色紙を2つ折りにして、三角に切る。
② ひろげる　のりをつける
③ ひもとはりあわせる。

文字は太めのモールを曲げて作りましょう

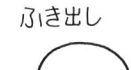

ふき出し

観客

などを加えてみてもいいですね。

↑ 荷作り用のひもをのりではりつける。

① 色紙を手で丸めて、しわをつける。
② 手でちぎる。
③ のりではりつける。

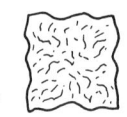

背景を変えると、「マラソン大会」の壁面構成にもなります。（P.50参照）

▶子どもの型紙はP.86, P.87にあります。

玉入れの子どもの描き方

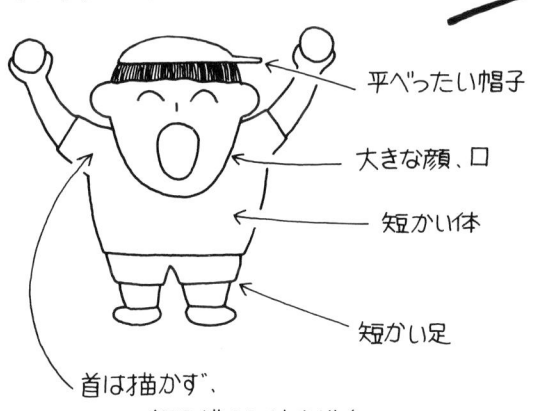

- 平べったい帽子
- 大きな顔、口
- 短かい体
- 短かい足
- 首は描かず、顔の横から体を描く

● このように注意して描くと、上から見たように描くことができます。

● 子どもたちに、自分が玉入れをしたときのことを思い出させて、描かせてみましょう。

10月

P.35 社会見学，遠足の背景のいろいろ

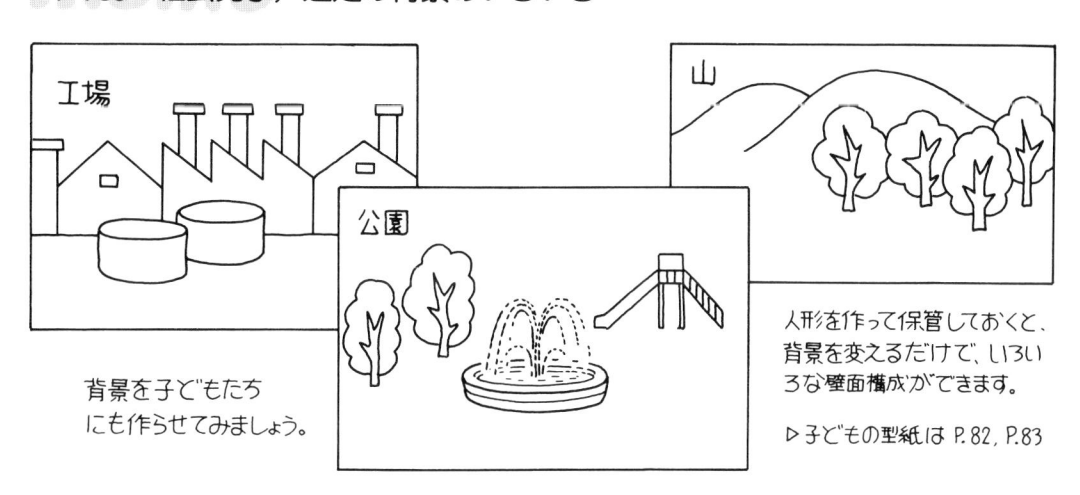

工場

公園

山

背景を子どもたちにも作らせてみましょう。

人形を作って保管しておくと，背景を変えるだけで，いろいろな壁面構成ができます。

▷子どもの型紙は P.82, P.83

【玉入れのかご】

果物を包んでいる発泡スチロールのネット　（赤組のかごは，赤で着色する。）

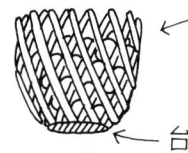

→ 中に玉をたくさん入れる

→ 台紙にはりつける

【紅白玉】

色紙

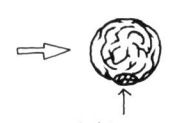

→ 台紙にのりづけする

色紙を手で小さく丸める
（中に綿を入れてもよい）

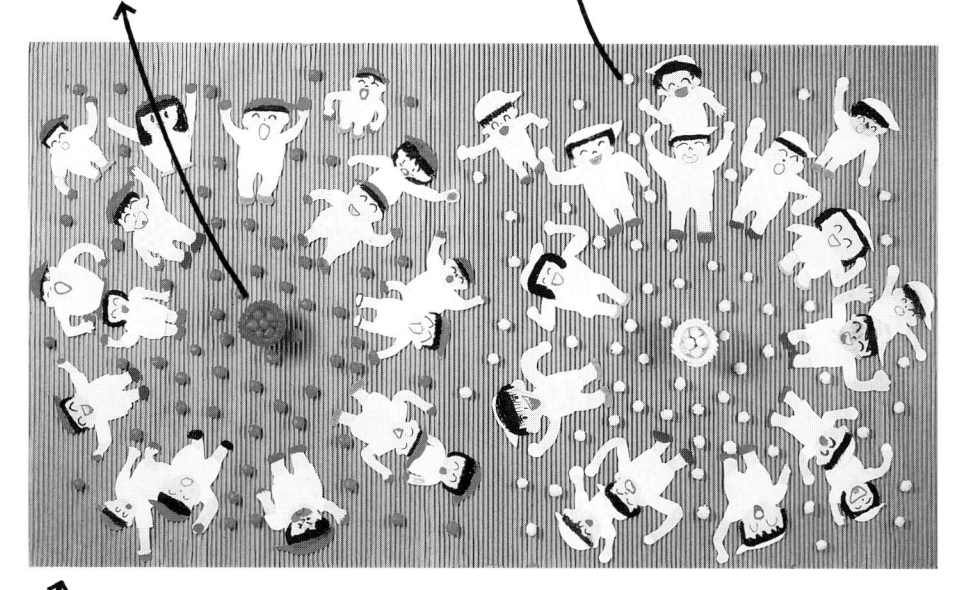

↑ 片面ダンボール 〜〜〜〜

・われ物を包むときによく使われています。
・表面ででこぼこなので，壁面構成に変化をつけることができます。

11月 ZYUUITIGATU 学芸会

- ↑ 手作りの衣装や舞台セットを使って，さあ楽しい学芸会の始まりです。
  （子どもたちの型紙はP.88，P.89にあります。）
- 客席の子どもたちを加えると，臨場感のある壁面構成になります。
- 講堂のカーテンは，クレープ紙を折り曲げて制作しました。

- 楽隊は，トイレットペーパーの芯を使った簡単な紙工作です。子どもたちと一緒に制作しましょう。
- ★ 音楽室の壁面構成にも使えます。

- びっくり箱の中から出てきた，文化祭のいろいろな出しもの！…こま回し，的あて，わなげ，ペープサート，竹とんぼ，かみしばい，あやつり人形，劇，折紙あそび，ボーリング，…どこへ行こうかワクワクしてくるね！
- ★ 学習発表会，作品展，お祭り，お楽しみ会，バザーなどの壁面構成にも使えます。箱から出てくるものをいろいろ工夫してみましょう。

11月

音楽会

文化祭

何がでるかな文化祭

かみしばい

P.39 楽隊の作り方

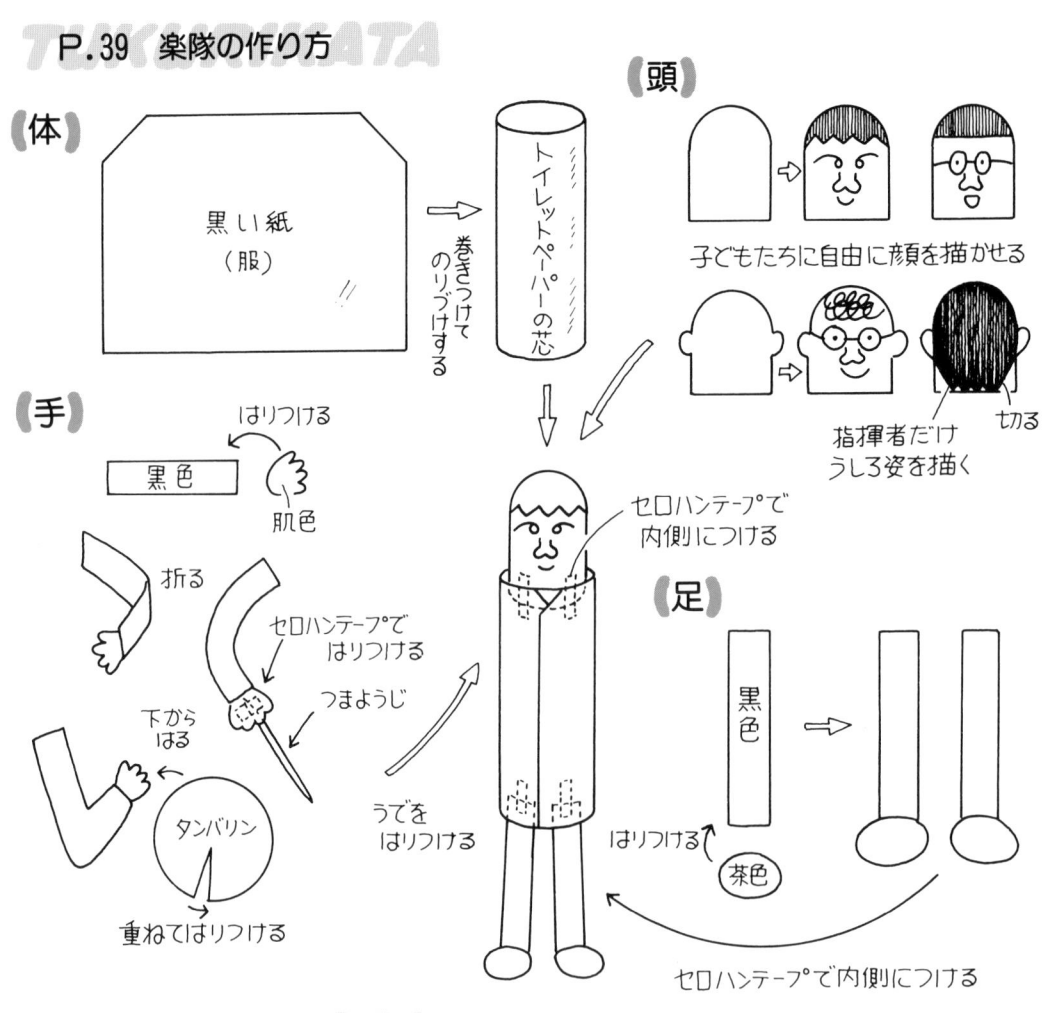

〔体〕
黒い紙（服）→ 巻きつけてのりづけする → トイレットペーパーの芯

〔頭〕
子どもたちに自由に顔を描かせる
指揮者だけうしろ姿を描く
切る

〔手〕
はりつける
黒色／肌色
折る
セロハンテープではりつける
つまようじ
下からはる
タンバリン
重ねてはりつける
うでをはりつける

セロハンテープで内側につける

〔足〕
黒色 → はりつける（茶色）
セロハンテープで内側につける

カーテンの作り方

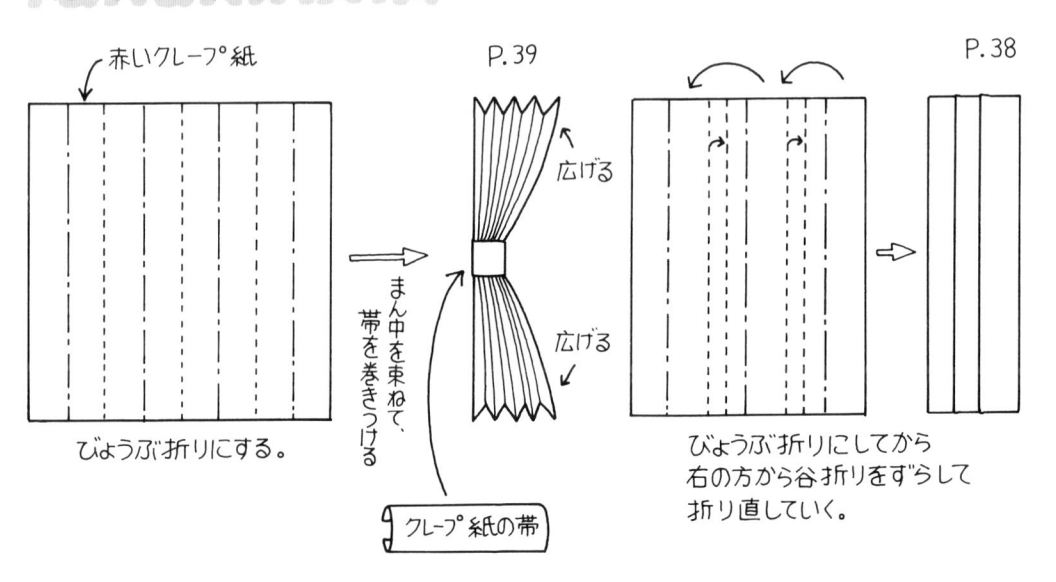

赤いクレープ紙

P.39
びょうぶ折りにする。
まん中を束ねて、帯を巻きつける
広げる／広げる
クレープ紙の帯

P.38
びょうぶ折りにしてから右の方から谷折りをずらして折り直していく。

11月

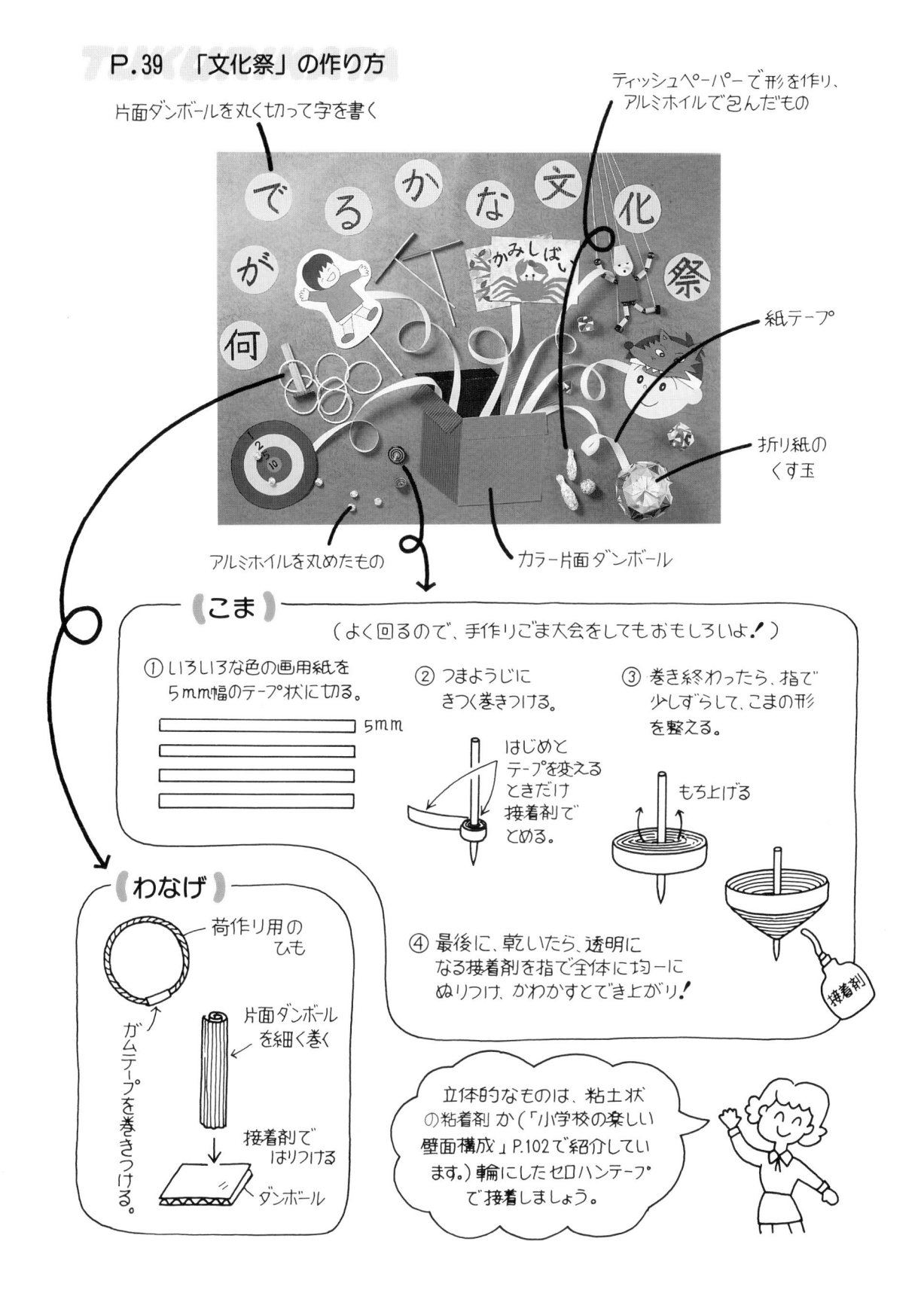

P.39 「文化祭」の作り方

- 片面ダンボールを丸く切って字を書く
- ティッシュペーパーで形を作り、アルミホイルで包んだもの
- 紙テープ
- 折り紙のくす玉
- アルミホイルを丸めたもの
- カラー片面ダンボール

【こま】

（よく回るので、手作りごま大会をしてもおもしろいよ！）

① いろいろな色の画用紙を5mm幅のテープ状に切る。

② つまようじにきつく巻きつける。
はじめとテープを変えるときだけ接着剤でとめる。

③ 巻き終わったら、指で少しずらして、こまの形を整える。
もち上げる

④ 最後に、乾いたら、透明になる接着剤を指で全体に均一にぬりつけ、かわかすとでき上がり！

接着剤

【わなげ】

- 荷作り用のひも
- ガムテープを巻きつける。
- 片面ダンボールを細く巻く
- 接着剤ではりつける
- ダンボール

立体的なものは、粘土状の粘着剤か（「小学校の楽しい壁面構成」P.102で紹介しています。）輪にしたセロハンテープで接着しましょう。

12月 ZYUUNIGATU クリスマス

↑ ● 子どもたちが描いた，おしゃれな雪だるま。ツリーのおうちでメリークリスマス！

← ● ひいらぎの葉を輪にしてはりつけてみましょう。子どもたちは，大喜びでクリスマスのオーナメントを作って，かざりつけてくれます。

● まん中にクラスのめあてや月中行事などを書いてもいいですね。

みんなでメリークリスマス

12月

大そうじ

- ひょうきんな，ちりとり，はたき，ほうき，ぞうきん，バケツが大活躍！ゴミ，ホコリ，バイキンは「ギャー」と逃げていきました。

おもちつき

- もう珍しくなってしまった，おもちつき。壁面構成で昔からの風習や行事を子どもたちに知らせましょう。「ペッタンポッタン」音が聞こえてきそうです。▶子ども，うすの型紙はP.90，P.91にあります。

P.42 おしゃれな雪だるまの作り方

（雪） 綿を丸めてはりつける。

あきかん　あきかん

● きれいな丸を描くのは、子どもたちにとって、難しいもの。あきかんなどを使って、雪だるまの形を描かせてみましょう。

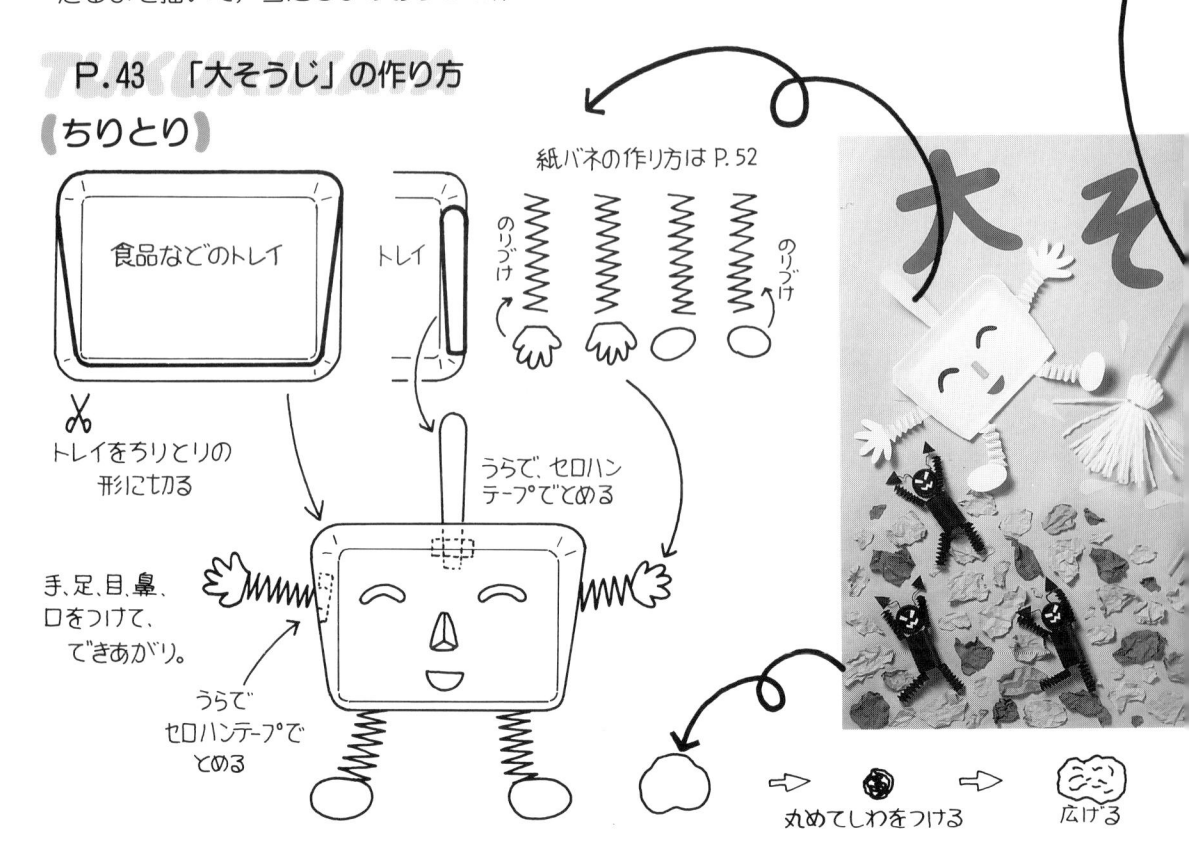

（子どもたちへの問いかけ）
「雪だるまの国ってどんな所かな？　おしゃれな雪だるまがいっぱい住んでいるのかな？」「みんなでおしゃれな雪だるまを描いて、雪だるまのおうちを作ってみよう！」

P.43 「大そうじ」の作り方

（ちりとり）

食品などのトレイ

トレイ

紙バネの作り方は P.52

のりづけ　のりづけ

トレイをちりとりの形に切る

うらで、セロハンテープでとめる

手、足、目、鼻、口をつけて、できあがり。

うらでセロハンテープでとめる

丸めてしわをつける　⇒　広げる

12月

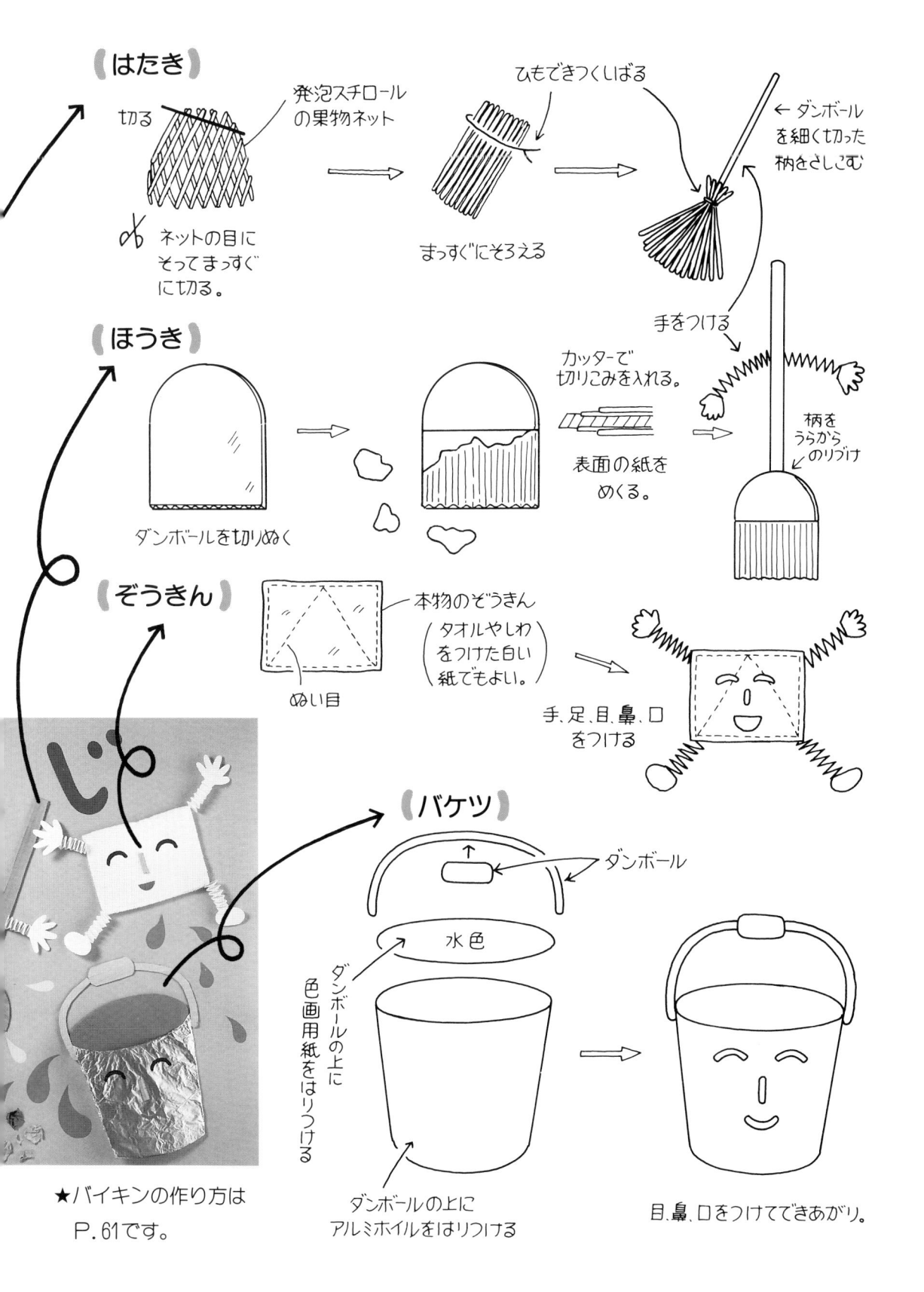

〔はたき〕

切る / 発泡スチロールの果物ネット → まっすぐにそろえる / ひもできつくしばる → ダンボールを細く切った柄をさしこむ

ネットの目にそってまっすぐに切る。

〔ほうき〕

ダンボールを切りぬく → カッターで切りこみを入れる。表面の紙をめくる。 → 手をつける / 柄をうらからのりづけ

〔ぞうきん〕

本物のぞうきん（タオルやしわをつけた白い紙でもよい。）
ぬい目
→ 手、足、目、鼻、口をつける

★バイキンの作り方はP.61です。

〔バケツ〕

ダンボール
水色 — ダンボールの上に色画用紙をはりつける
ダンボールの上にアルミホイルをはりつける
→ 目、鼻、口をつけてできあがり。

1月 ITIGATU お正月

⬆● お正月を代表するはご板やこまを，せんすや菊の花と一緒にかざってみました。
★ 千代紙や組みひもを効果的に使って，日本的な情緒を出してみましょう。

● 食品トレイやミニゼリーの入れ物，からくさもようのふろ ➡
しきなどを使って，ししを作りました。
● 門松は片面ダンボールと造花を使って制作しました。
★ いろいろな材料を使って，壁面構成を工夫してみましょう。

1月

かきぞめ

- 教室の隅のちょっとあいている壁面にはってみましょう。

★ 週のめあてやクラスの目標などをはってみてもいいですね。
（子どもの型紙はP.93）

ししまい

P.46 はご板の作り方

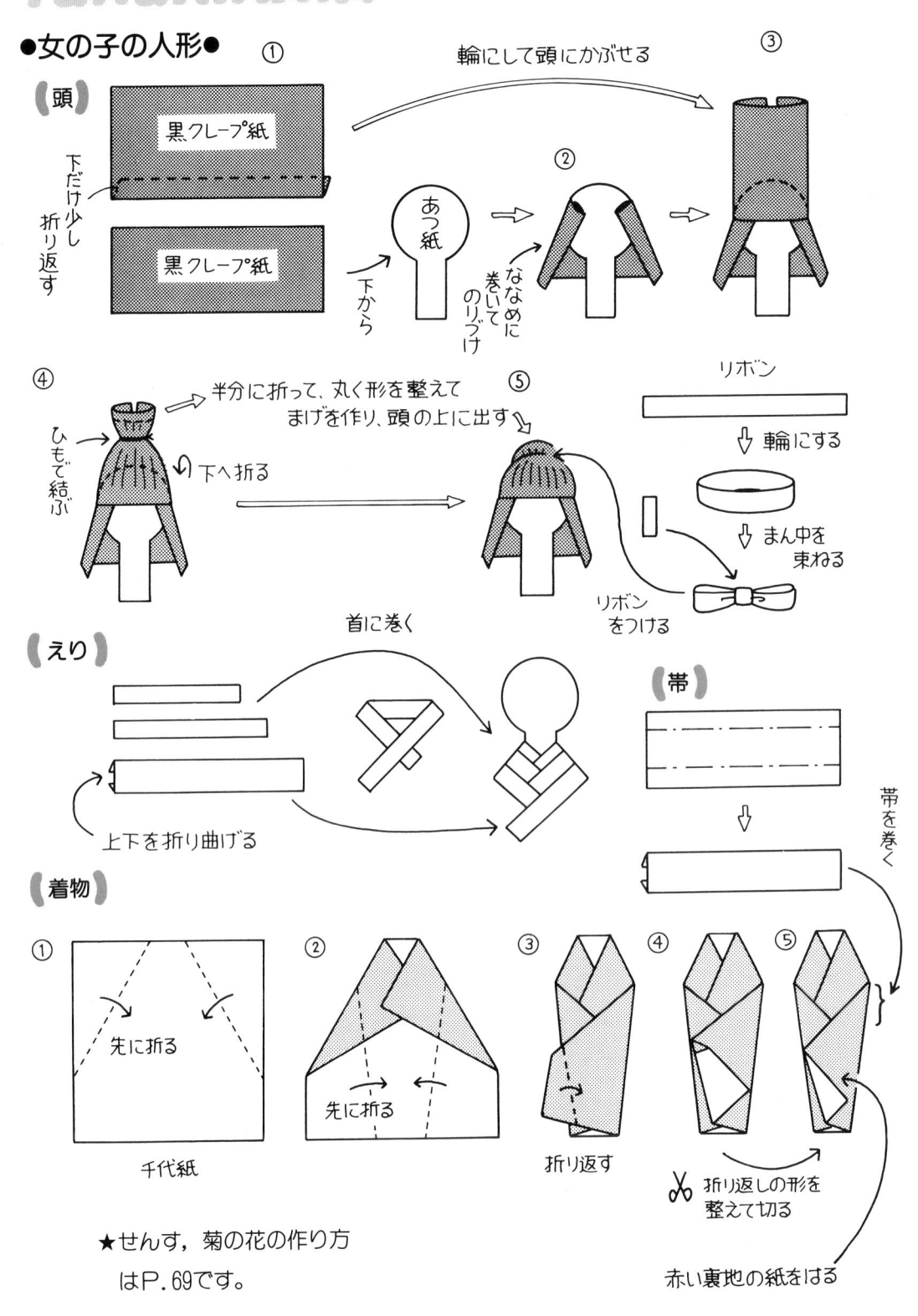

●女の子の人形●

【頭】

① 黒クレープ紙 / 下だけ少し折り返す
黒クレープ紙 / 下から
→ 輪にして頭にかぶせる

② あつ紙 → ななめに巻いてのりづけ

③

④ ひもで結ぶ / 下へ折る → 半分に折って、丸く形を整えてまげを作り、頭の上に出す

⑤ リボンをつける

リボン → 輪にする → まん中を束ねる

【えり】

上下を折り曲げる → 首に巻く

【帯】

→ 帯を巻く

【着物】

① 千代紙 / 先に折る
② 先に折る
③ 折り返す
④ 折り返しの形を整えて切る
⑤ 赤い裏地の紙をはる

★ せんす，菊の花の作り方はP.69です。

1月

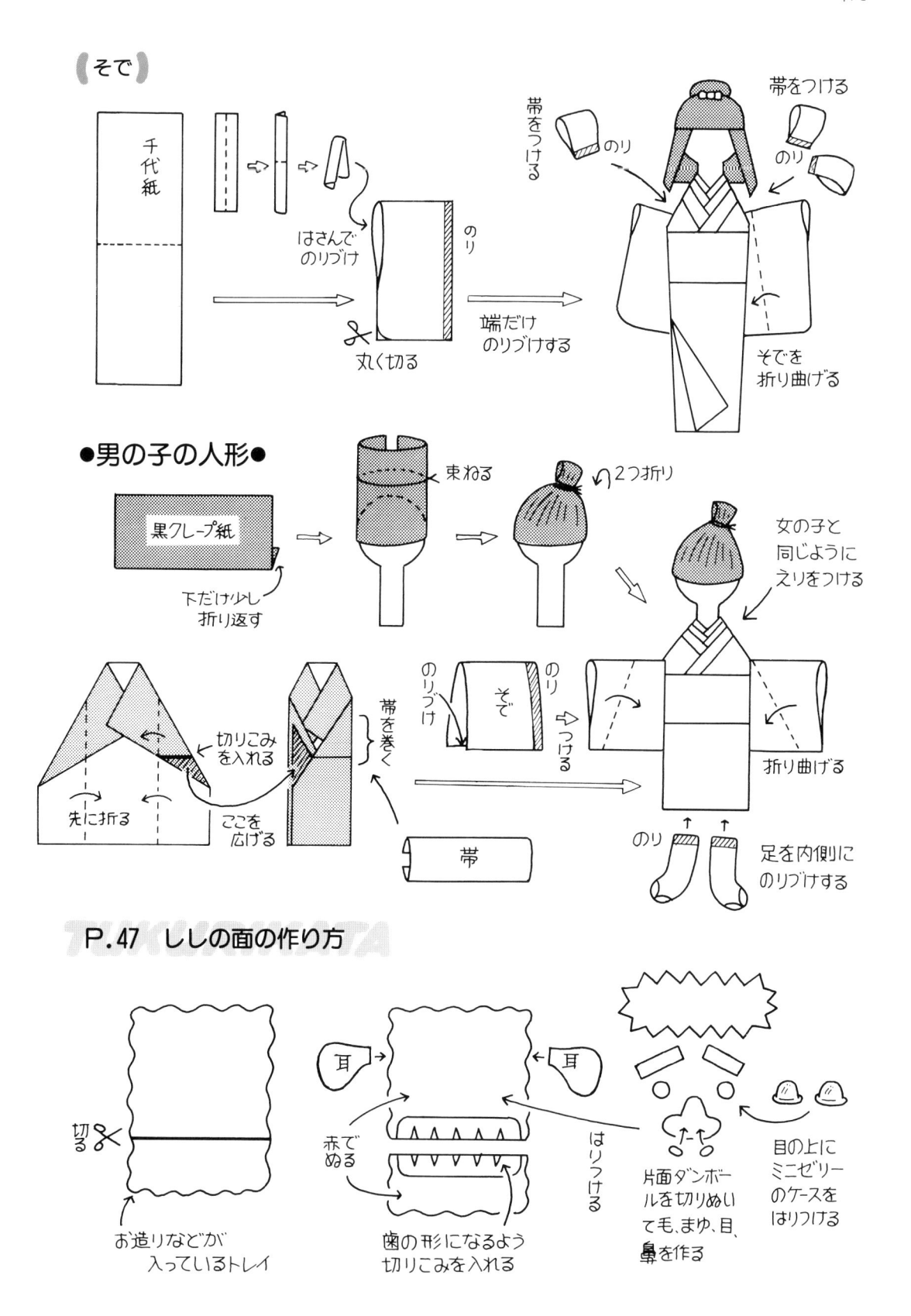

【そで】

千代紙

はさんで
のりづけ
丸く切る
端だけのりづけする

帯をつける
のり
のり
そでを折り曲げる

● 男の子の人形 ●

黒クレープ紙
下だけ少し折り返す
束ねる
2つ折り

女の子と同じようにえりをつける

切りこみを入れる
帯を巻く
先に折る
ここを広げる

のりづけ
そで
のり
つける

帯

折り曲げる

のり
足を内側にのりづけする

P.47 ししの面の作り方

切る
お造りなどが入っているトレイ

耳
耳
赤でぬる
歯の形になるよう切りこみを入れる
はりつける

片面ダンボールを切りぬいて毛、まゆ、目、鼻を作る

目の上にミニゼリーのケースをはりつける

49

2月 NIGATU 作品展

さくひんてん

- ↑ ●子どもたちが作った作品や先生が作った参考作品などを集めて，はりつけてみましょう。
- ●親も子も「どんな作品展かな」「早く見たいな」とワクワクするような壁面構成にしましょう。
- ★アイデアいっぱいの立体的な壁面構成は，子どもたちをひきつけます。
- ★図工室の壁面にも最適です。創作意欲の向上に役立ちます。

マラソン大会

2月

映画鑑賞会

⬆ ● 子どもたちにうしろ姿の自分を描かせて，並べてはってみましょう。活気あふれる楽しい壁面構成になります。
　● 文字は太めのモールで制作しました。
　★ タイトルを変えると，学芸会，音楽会，学習発表会などの壁面構成にも使えます。

⬅ ● 10月の「運動会」で制作した人形を，再び背景を変えて使用してみました。（型紙はP.86，P.87）
　● 木にスプレーしたスノーパウダーで，冬の寒さを強調しています。

P.50 工作作品の作り方（図工科の教材にも使えます。）

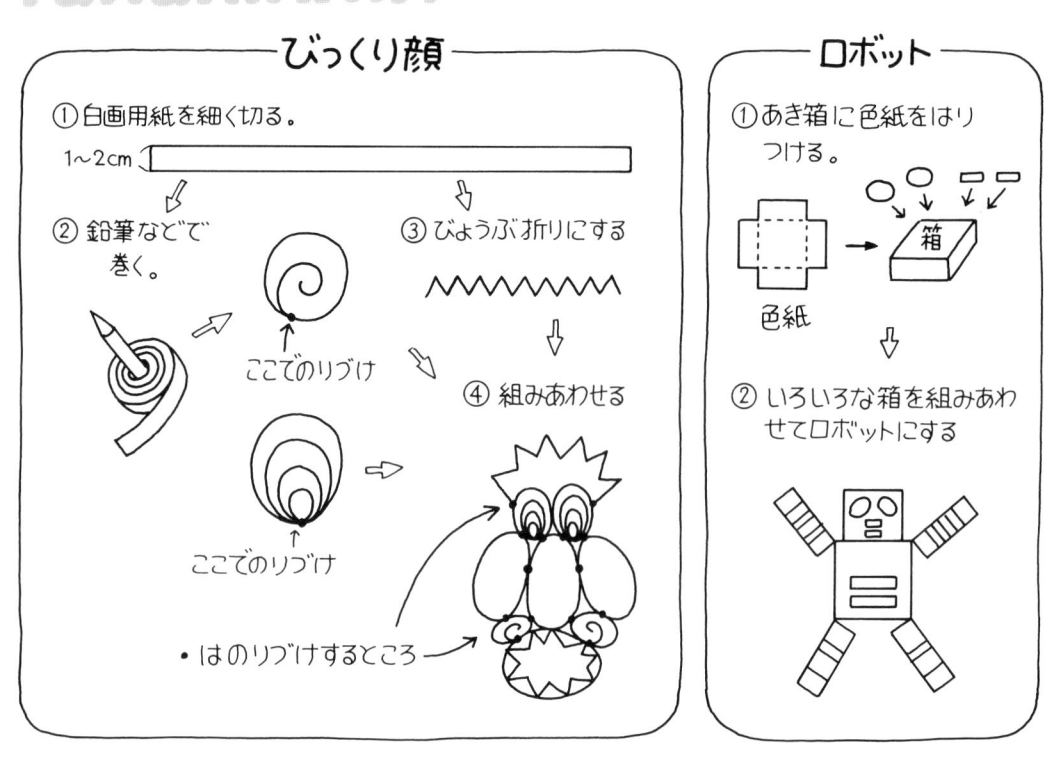

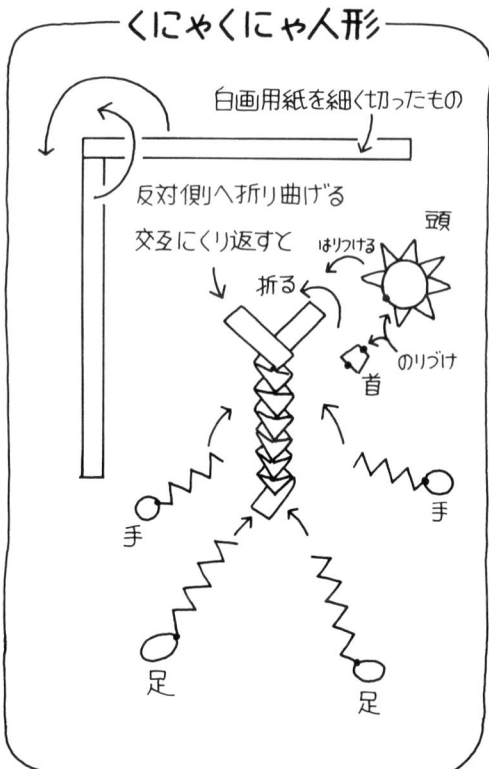

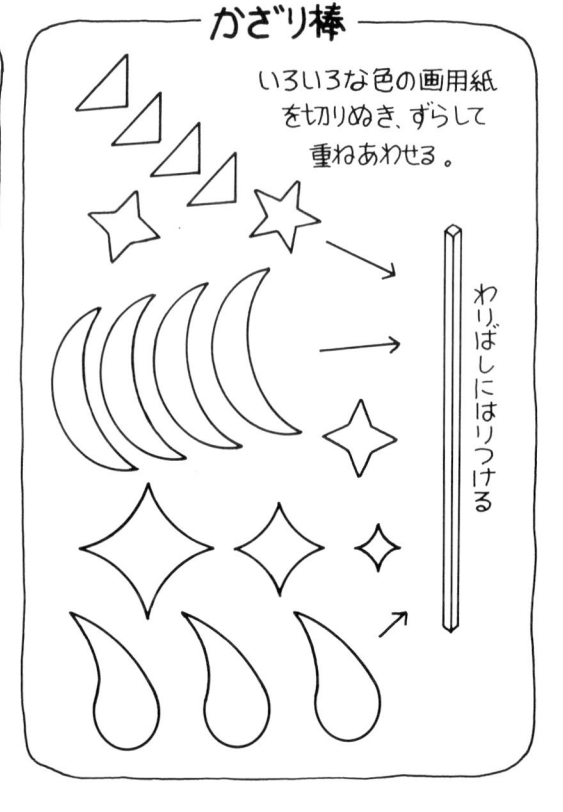

びっくり顔

① 白画用紙を細く切る。
　1～2cm

② 鉛筆などで巻く。
　ここでのりづけ

③ びょうぶ折りにする

④ 組みあわせる
　ここでのりづけ

・はのりづけするところ

ロボット

① あき箱に色紙をはりつける。
　色紙 → 箱

② いろいろな箱を組みあわせてロボットにする

くにゃくにゃ人形

白画用紙を細く切ったもの
反対側へ折り曲げる
交互にくり返すと
折る
頭
のりづけ
首
手　手
足　足

かざり棒

いろいろな色の画用紙を切りぬき、ずらして重ねあわせる。

わりばしにはりつける

2月

きりん

黄色の画用紙に茶色の絵の具でキリンのもようを描く。

上からはりつける。

トイレットペーパーの芯

モールでしっぽを作る。

さしこむ

切りこみを入れる

さしこむ

さしこむ

切りこみを入れる

さしこむ

とら

もよう、頭、しっぽが違うだけで、作り方は、きりんとほぼ同じです。

黄色の画用紙に黒の絵の具でもようを描く

(顔)

切り取る

顔を描いて体にのりづけする

切りこみを入れて、端を重ねてのりづけする

(しっぽ)

おしりの切りこみにさしこむ。

花のかざり

丸める

立体的にする

切りこみを入れて端を重ねてはる

はみ出たところを切り取る

先を丸める

はりつける

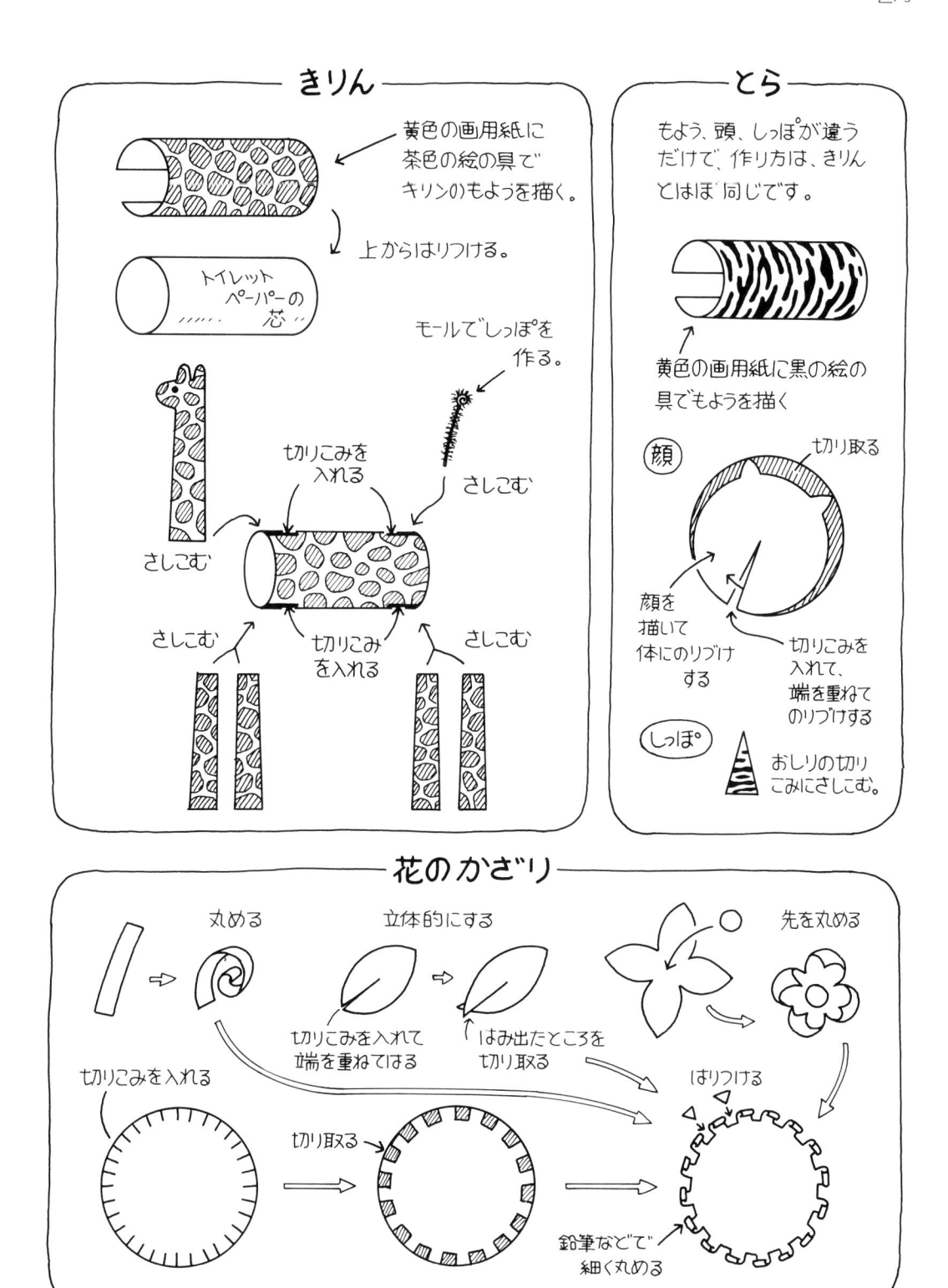

切りこみを入れる

切り取る

鉛筆などで細く丸める

★作品は、粘土状の粘着剤（「小学校の楽しい壁面構成」P.102で紹介しています。）で、はりつけましょう。作品を傷めず、きれいに取りはずすことができます。

3月 SANGATU 啓ちつ （冬眠から目ざめる日）

- もうすぐ春，冬眠していた動物たちが，土の中からゴソゴソ起きてきました。
- 紙をちぎって穴をあけたり，モス（乾燥したこけ）をはりつけたりして，変化をつけてみました。

お別れ会

- お別れする卒業生やクラスメートに，心をこめて「ありがとう」「みんな元気でね！」
- 子どもたちが描いた絵を大きなものから手前に並べ，奥行きを出しましょう。
- 風船に赤いひもをつけて，空にたくさんとばしてみました。

卒業式

3月

- ⬆ ●「ご卒業おめでとう」お祝いの気もちをこめて，赤い紙で作ったリボンと白い水仙の花を華やかにかざってみました。
- ● 子どもたちが描いた顔を使ってみても，楽しい壁面構成になります。（参考作品P.11）
- ★ 花を桜に変えて，卒業証書を取り除き，字を「ご入学おめでとう」に変えると，入学式の壁面構成に早変わりします。

P.54 「啓ちつ」の作り方

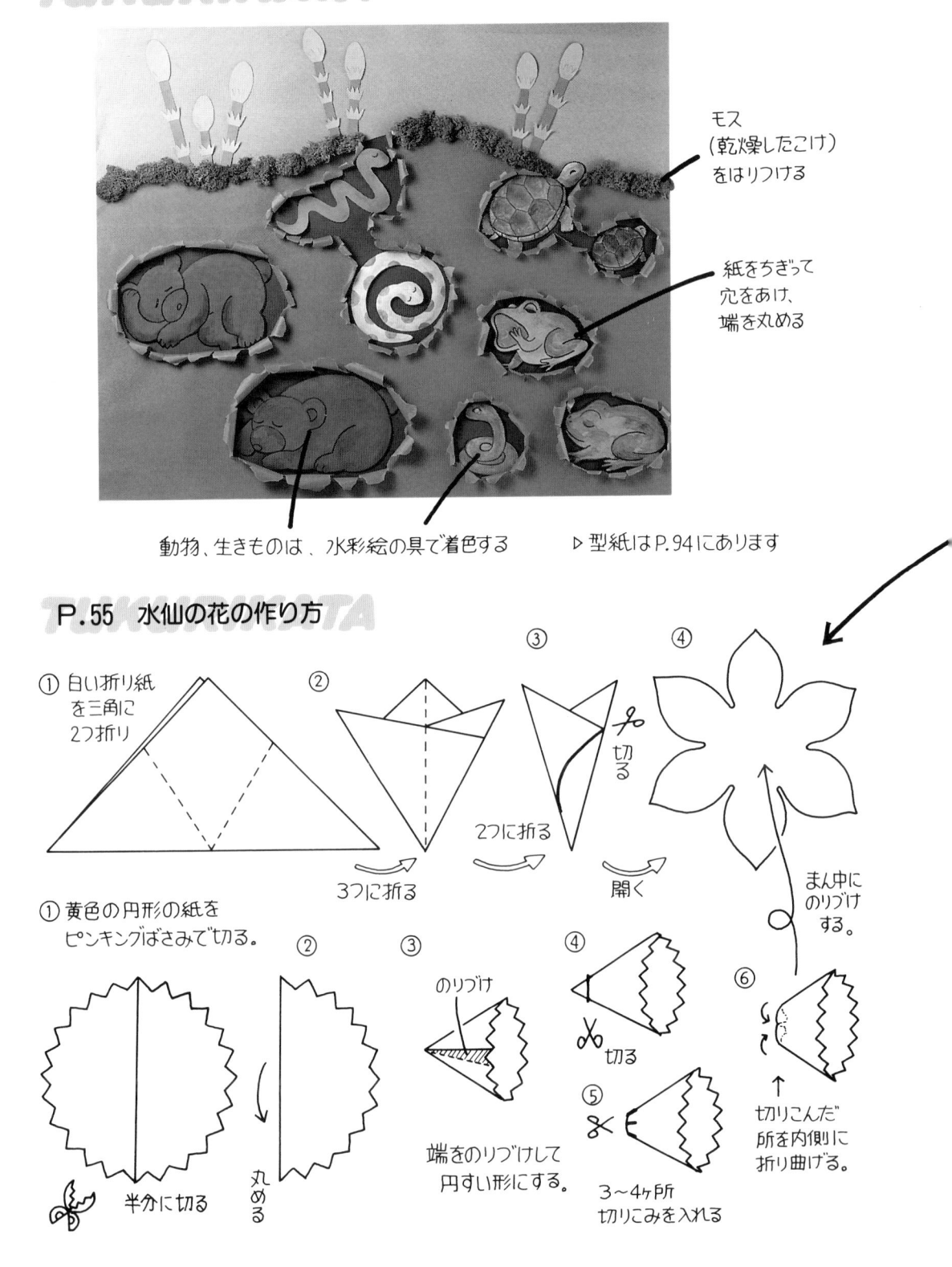

モス(乾燥したこけ)をはりつける

紙をちぎって穴をあけ、端を丸める

動物、生きものは、水彩絵の具で着色する

▷型紙はP.94にあります

P.55 水仙の花の作り方

① 白い折り紙を三角に2つ折り

② 3つに折る

③ 2つに折る 切る

④ 開く

まん中にのりづけする。

① 黄色の円形の紙をピンキングばさみで切る。

② 半分に切る

丸める

③ のりづけ 端をのりづけして円すい形にする。

④ 切る

⑤ 3〜4ヶ所切りこみを入れる

⑥ 切りこんだ所を内側に折り曲げる。

56

3月

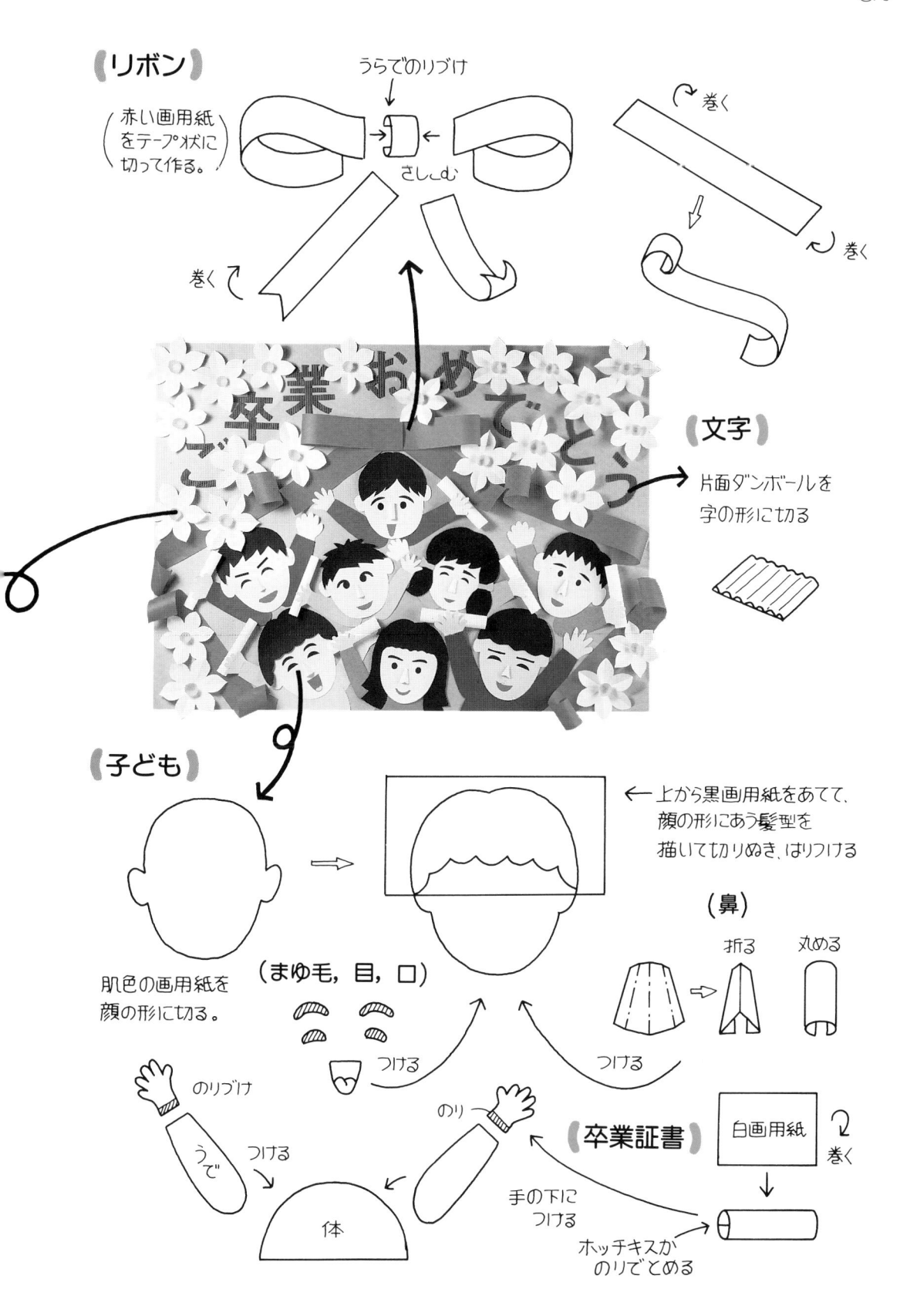

〔リボン〕

赤い画用紙をテープ状に切って作る。

うらでのりづけ

さしこむ

巻く

巻く

巻く

〔文字〕

→ 片面ダンボールを字の形に切る

〔子ども〕

肌色の画用紙を顔の形に切る。

← 上から黒画用紙をあてて、顔の形にあう髪型を描いて切りぬき、はりつける

（まゆ毛, 目, 口）

つける

（鼻）

折る　丸める

つける

〔卒業証書〕

白画用紙

巻く

のりづけ

うで

つける

体

のり

手の下につける

ホッチキスかのりでとめる

特別教室の壁面構成

保健室 HOKENSITU

マスクを取ると？

★外にはバイキンがいっぱい！　かぜをひかないように，手洗い，うがいをしましょう。壁面構成を使って指導すると効果的です。

- 壁面構成を用いると，低学年の児童にも，手洗いの大切さを，わかりやすく教えることができます。
- 保健委員会の子どもたちと一緒に制作してもいいですね。
★ 手洗い場や便所の壁面にも使えます。

- 日付をはりかえて，何度も使えます。
- 壁面構成で子どもたちに知らせると，興味を持って見てくれます。▶型紙はP.95にあります。
★ 手作りの壁面構成で，暖かい雰囲気の保健室にしましょう。

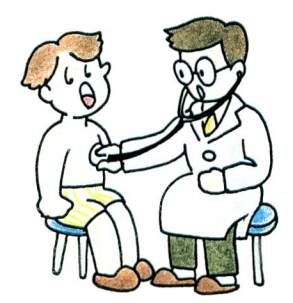

P.58 バイキンの作り方（牛乳キャップで）

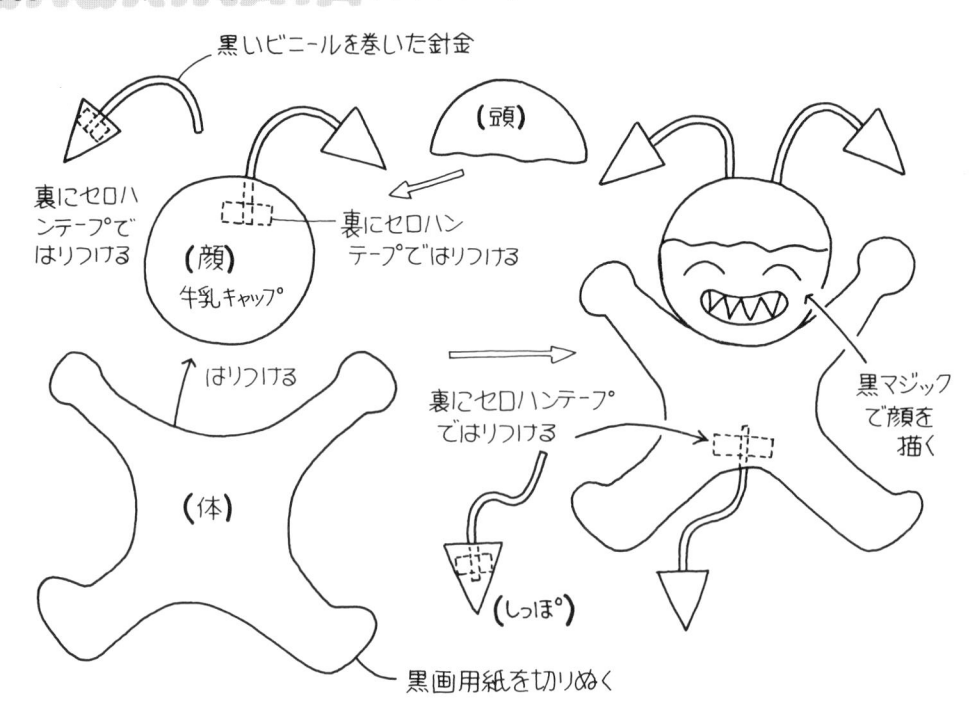

黒いビニールを巻いた針金

裏にセロハンテープではりつける

（顔）
牛乳キャップ

裏にセロハンテープではりつける

（頭）

黒マジックで顔を描く

はりつける

（体）

裏にセロハンテープではりつける

（しっぽ）

黒画用紙を切りぬく

布製のマスク（マスクの大きさにあわせて顔を作る）

モール

モールを字の形に曲げて、丸い台紙にはりつける

かぜにちゅうい！

保健室

P.58 バイキンの作り方（フィルムケースで）

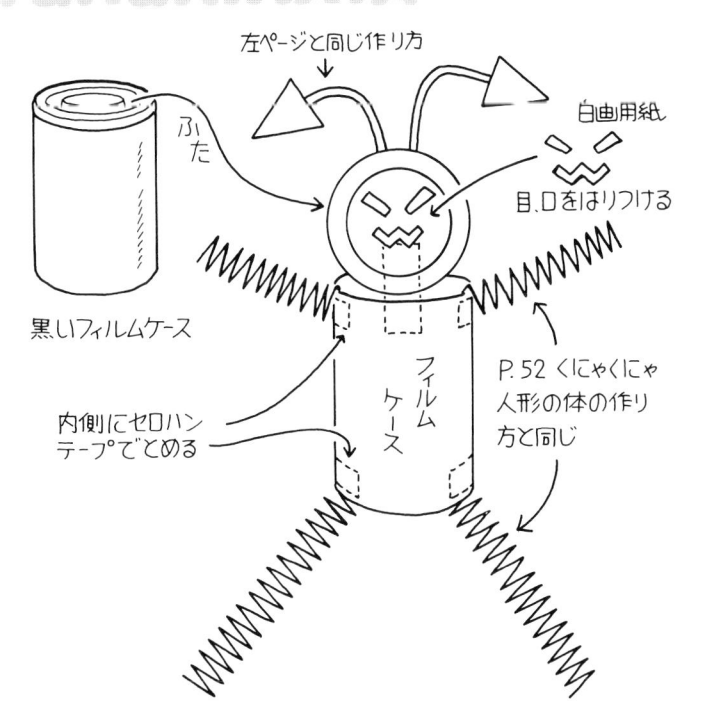

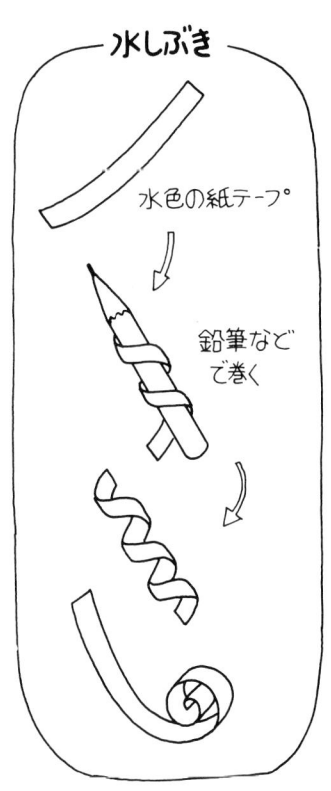

- 左ページと同じ作り方
- 黒いフィルムケース
- ふた
- 白画用紙
- 目、口をはりつける
- 内側にセロハンテープでとめる
- フィルムケース
- P.52 くにゃくにゃ人形の体の作り方と同じ

水しぶき

- 水色の紙テープ
- 鉛筆などで巻く

蛇口の作り方

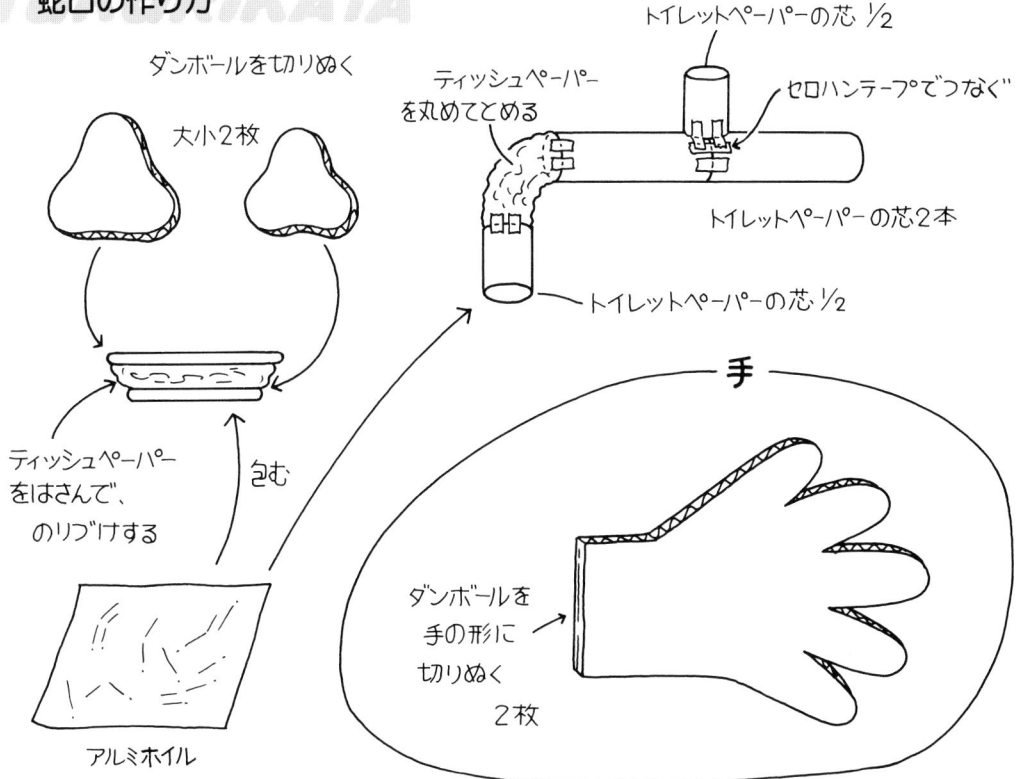

- ダンボールを切りぬく
- 大小2枚
- ティッシュペーパーをはさんで、のりづけする
- 包む
- アルミホイル
- ティッシュペーパーを丸めてとめる
- トイレットペーパーの芯 1/2
- セロハンテープでつなぐ
- トイレットペーパーの芯 2本
- トイレットペーパーの芯 1/2

手

- ダンボールを手の形に切りぬく
- 2枚

音楽室 ONGAKUSITU 春の小川

春の小川
春の小川は
さらさら行くよ
きしのすみれや
れんげの花に
すがたやさしく 色うつくしく
さけよさけよと
ささやきながら

⬆ ● うららかで，暖かい春の感じを出すために，和紙（障子紙）を水彩絵の具で染めて，空，山，れんげ，すみれを制作しました。
● 小川は，カラーすみ流しを使うと，さらさら流れている様子が美しく表現できます。

★ 壁面構成を用いると，曲のイメージが広がり，情景を思いうかべて，感情をこめて歌うことができます。

図工室 ZU

大切に

つかったらも

図書室 TOSYOSITU 読書週間

⬆ ● 子どもたちに，本を読んでいるときの自分の顔を描かせてみましょう。
● 簡単な体と手をつけて，本を持たせるとできあがり。
● 図書委員会の児童と一緒に制作してもいいですね。

用具を大切に

⬅ ● 図工で使ういろいろな用具を片面ダンボールを用いて制作しました。
● 表面に波形の凹凸があるので，立体的なものが作りやすく，おもしろい表現ができます。
● 子どもたちが興味をもって，楽しく見ることができる壁面構成です。

63

P.6, P.62　和紙の染め方

- 障子紙，版画用和紙などの余りを残しておいて，水彩絵の具で染めてみましょう。洗面器で簡単に染めることができます。

①洗面器に水彩絵の具を入れ，水でとく。

水彩絵の具／水

②よくかきまぜて，色水を作る。

③和紙をくしゃくしゃに丸めて入れる。

④和紙に色水をよくしみこませる。

⑤手でしぼる。

⑥しわをのばして干す。

- 水彩絵の具の量，水の量，しぼり方の強弱を変えると，濃く染めたり，うすく染めたりできます。
- 一部分だけ強くしぼったり，一部分だけ水や他の色の液につけたりすると，ぼかし染めができます。
- ★やさしく，微妙な色あいや，ぼかしもよう，やわらかな感触は，手染めの和紙ならではのもの。繊細な春や秋の景色の壁面構成に用いてみましょう。（秋の参考例P.6）

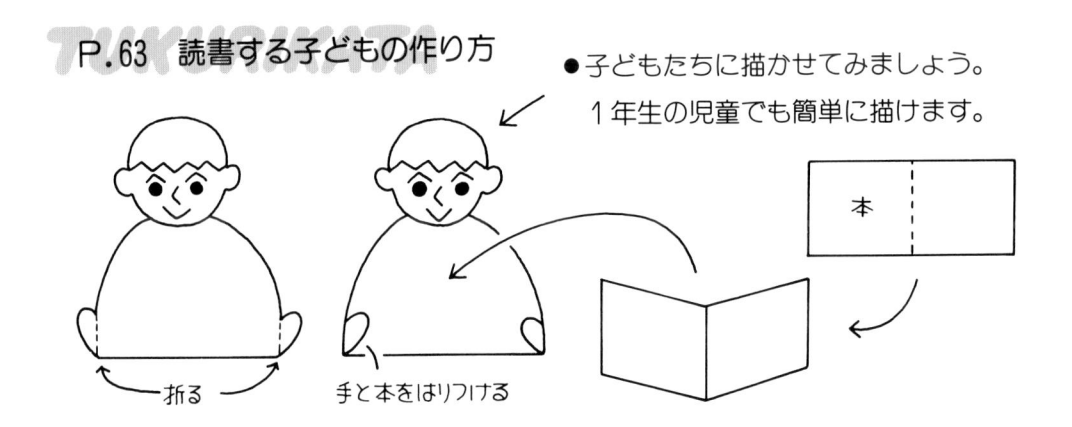

P.63　読書する子どもの作り方

- 子どもたちに描かせてみましょう。１年生の児童でも簡単に描けます。

折る　　手と本をはりつける　　本

P.62 図工室の用具の作り方

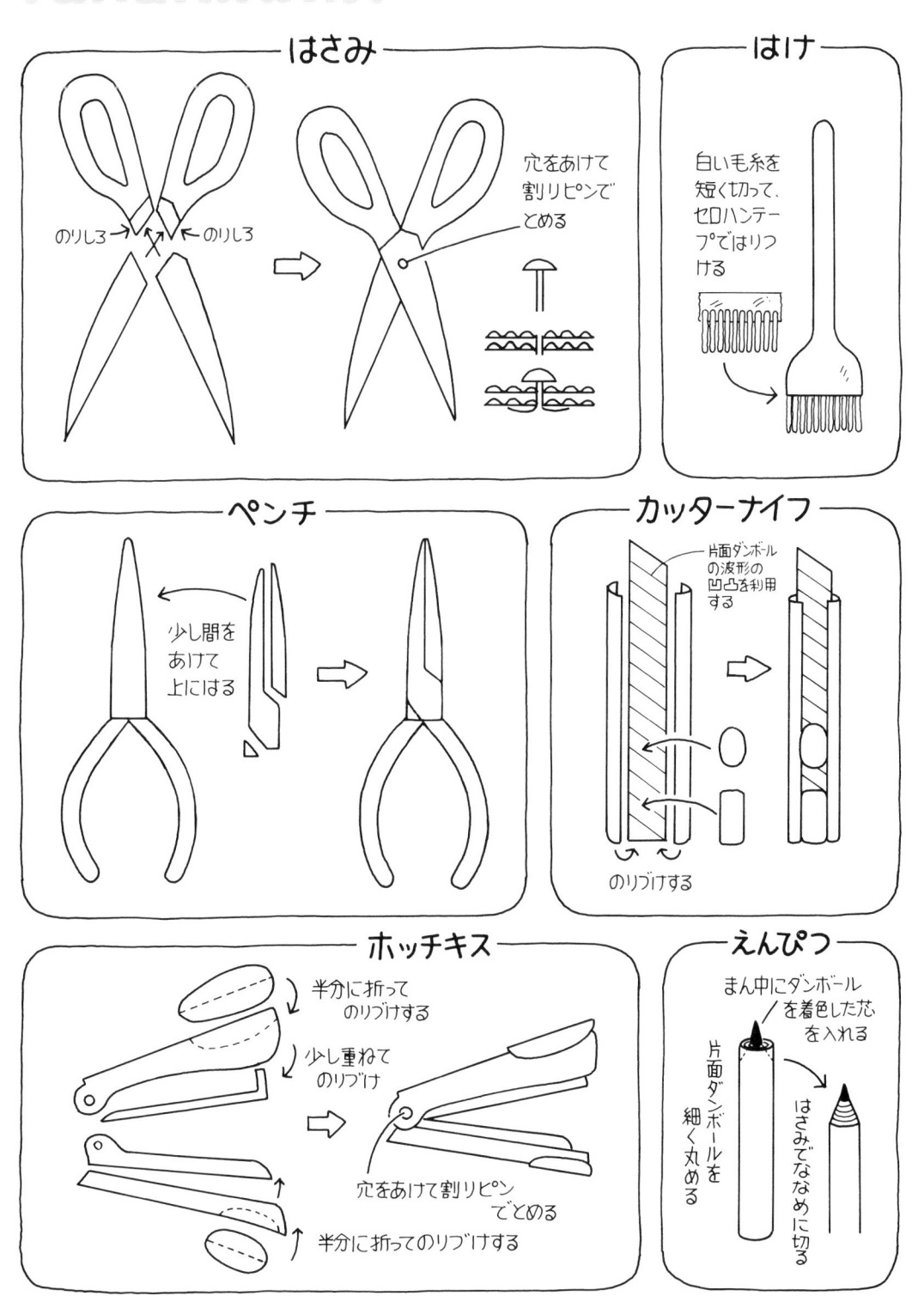

はさみ
のりしろ
穴をあけて割りピンでとめる

はけ
白い毛糸を短く切って、セロハンテープではりつける

ペンチ
少し間をあけて上にはる

カッターナイフ
片面ダンボールの波形の凹凸を利用する
のりづけする

ホッチキス
半分に折ってのりづけする
少し重ねてのりづけ
穴をあけて割りピンでとめる
半分に折ってのりづけする

えんぴつ
まん中にダンボールを着色した芯を入れる
片面ダンボールを細く丸める
はさみでななめに切る

彫刻刀，ドライバー，筆もえんぴつと同じように作ります。

壁面構成の題材

「どんな壁面構成にしようかな？」と迷ったら，その月の行事や自然，子どもたちの生活や学習の様子を思い浮かべて，まずどんな題材を壁面構成にするのか決めましょう。

季節や月ごとの題材例をまとめてみました。

季節	月	花や木など	行事，記念日など	その他
春	4月	桜，たんぽぽ，すみれ チューリップ，たけのこ なたね，れんげ ヒヤシンス，もくれん	入学式，進級，始業式，クラスがえ 新入生との対面式，給食開始 4/6～4/15春の交通安全運動 身体測定，参観，保護者会 4/29みどりの日	おたまじゃくし お花見 花壇，蝶 みつばち しゃぼん玉
春	5月	あやめ，かきつばた 花しょうぶ，すずらん さつき，つつじ，ぼたん カーネーション，ポピー 水ばしょう	5/3憲法記念日，5/5子どもの日 家庭訪問，健康診断 5/10～5/16愛鳥週間 母の日（第2日曜），春の遠足	ピクニック 新緑 つばめ いちご
夏	6月	あじさい，つゆ草 すいれん，バラ 藤，ゆり	衣替え，6/4虫歯予防デー 6/10時の記念日，歯のけんさ 父の日（第3日曜），歯みがき訓練 夏至	ほたる 梅雨，かさ かたつむり かえる ざりがに
夏	7月・8月	あさがお，ひまわり カンナ，ハイビスカス アザミ，ホウセンカ けいとう，ダリア へちま	7/7七夕，プール開き，水泳大会 短縮授業，個人懇談会 終業式，7/20海の日 夏休み，林間学校，臨海学校 夏祭り，ラジオ体操，キャンプ 花火大会，盆おどり	虫とり 海，ヨット やし，魚 かに，氷 すいかわり ひるね，夕涼み おばけ ゆかた，うちわ 星，太陽 ぶどう

季節	月	花や木など	行事，記念日など	その他
秋	9月	コスモス，すすき ききょう，ひがん花 りんどう，はぎ くず，なでしこ	9／1防災の日，2学期始業式 夏休み作品展，9／9救急の日 9／15敬老の日，お月見，秋祭り 9／20〜9／26動物愛護週間 秋分の日 9／21〜9／30秋の交通安全運動	台風 とんぼ 夕やけ 虫の声 秋の七草
	10月	コスモス，稲 菊，ふよう 金もくせい	衣替え，運動会，修学旅行 10／10体育の日，目の愛護デー 秋の遠足，社会見学，写生会 10／27〜11／9読書週間	かかし 実りの秋 いもほり どんぐり かき，くり
	11月	菊，もみじ，いちょう	11／3文化の日，文化祭，音楽会 11／9〜11／15秋の火災予防運動 11／15七五三，学芸会 11／23勤労感謝の日	きのこ 紅葉 落ち葉 みの虫
冬	12月	ポインセチア ひいらぎ	大そうじ，個人懇談会，冬至，終業式 冬休み，クリスマス，おもちつき 歳末助け合い，大みそか	たき火，冬眠 マフラー，手袋 こたつ，雪 なわとび
	1月	松竹梅 なんてん，はぼたん 福寿草	お正月，初もうで，書き初め 七草，3学期始業式 1／15成人の日	ししまい，福笑い たこあげ こま回し，はご板 スキー，スケート こがらし おしくらまんじゅう
	2月	水仙，梅，つばき さざんか，福寿草	節分，立春，作品展，マラソン大会 2／11建国記念日，耐寒遠足	
春	3月	水仙，もも つくし，クロッカス	3／1〜3／7春の火災予防運動 3／3ひな祭り，啓蟄，大そうじ 卒業式，お別れ会，春分の日 修了式，春休み	1年間の思い出 めだか 春風，新芽

他の行事…創立記念日，映画鑑賞，学習発表会，ひなん訓練，球技大会，お楽しみ会，バザーなど

- 花や木の時期は一応のめやすです。地域，環境，品種などにより異なり，ほかの月にも花が咲くものもあります。
- 学校の行事の時期は，地域，学校によって異なります。

折り紙作品の作り方

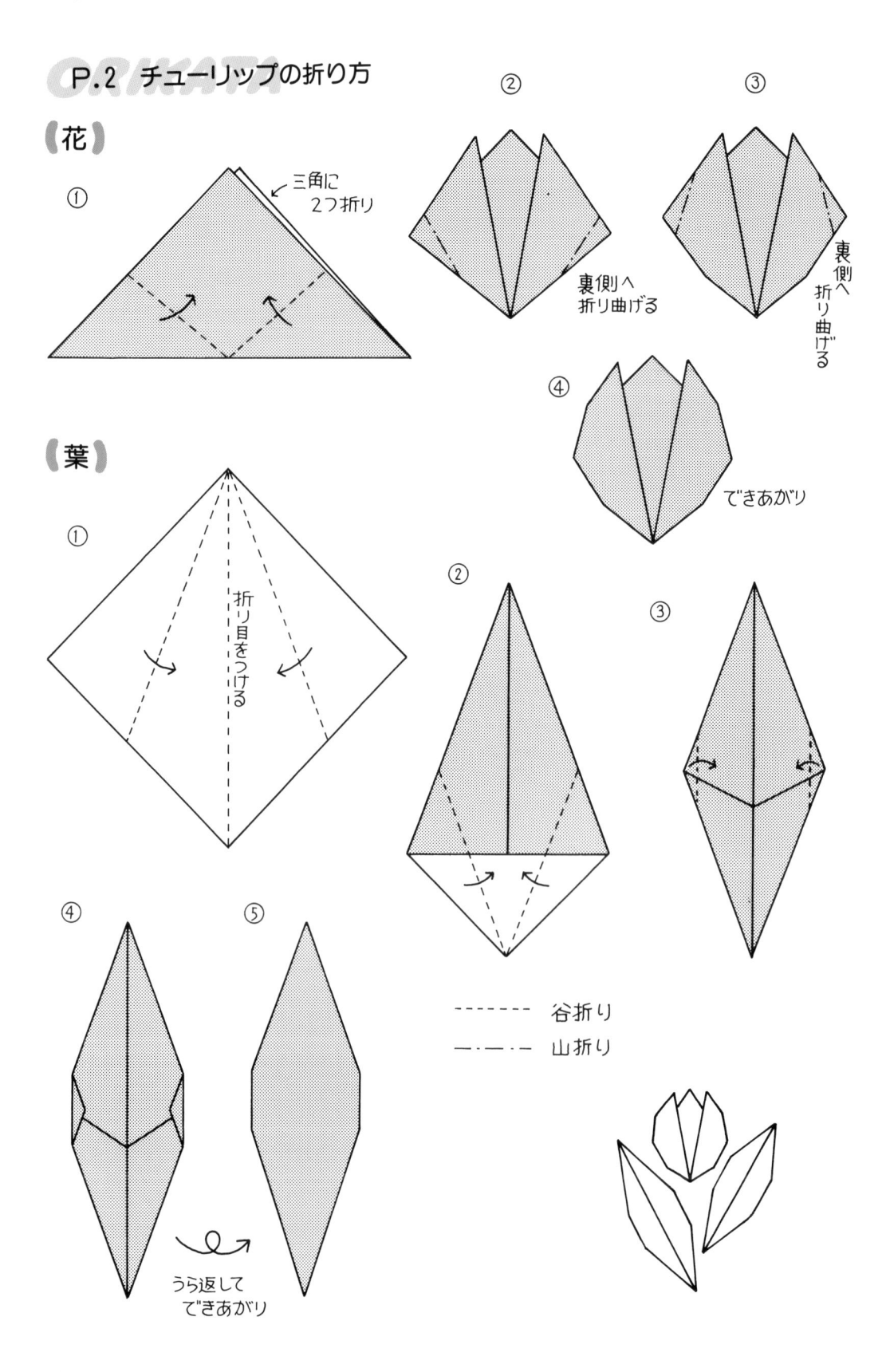

P.2 チューリップの折り方

【花】

① 三角に2つ折り
②
③ 裏側へ折り曲げる
裏側へ折り曲げる
④ できあがり

【葉】

① 折り目をつける
②
③
④
⑤ うら返してできあがり

------- 谷折り
—・—・— 山折り

68

折り紙作品の作り方

P.46 せんすの作り方

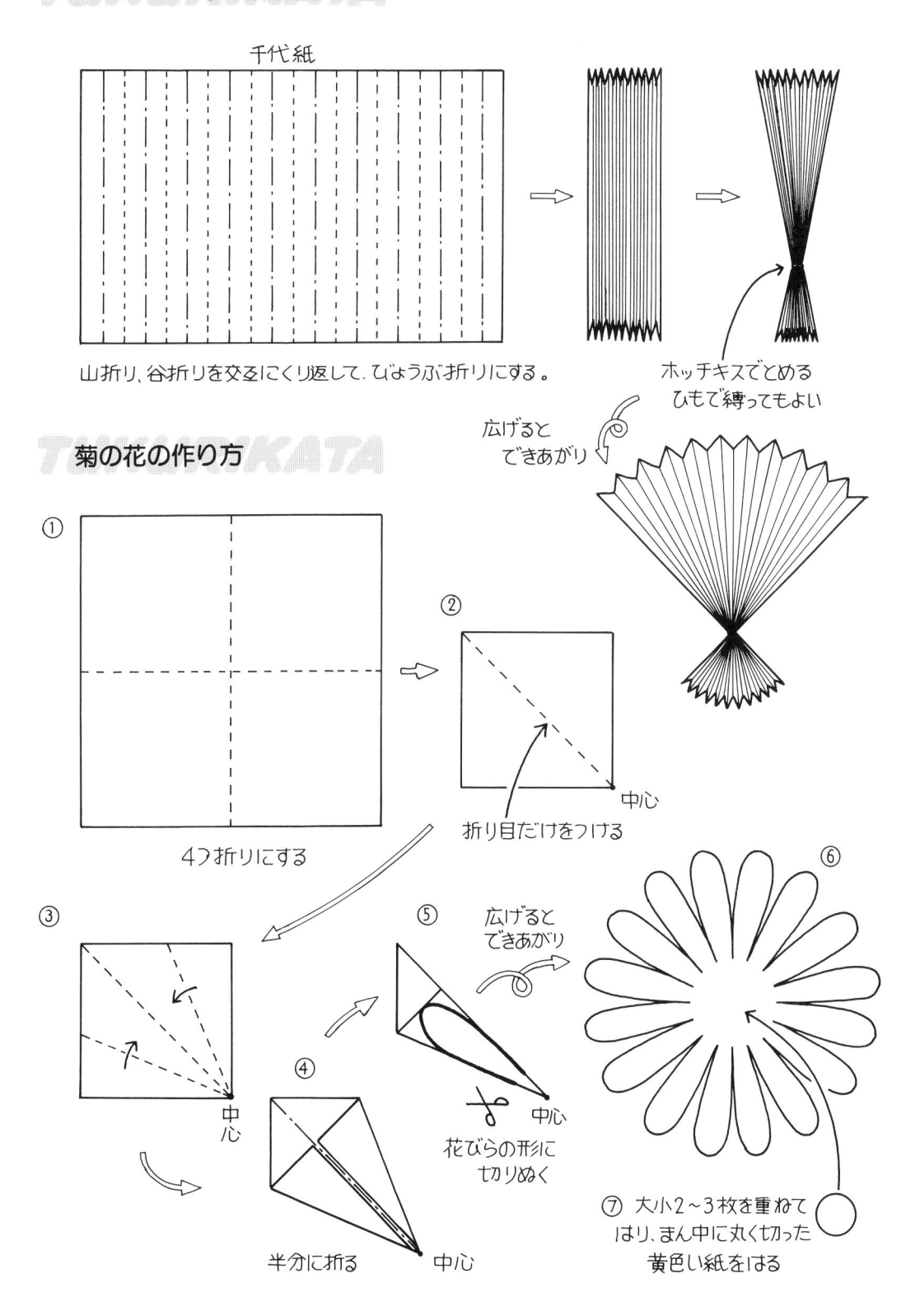

千代紙

山折り、谷折りを交互にくり返して、びょうぶ折りにする。

ホッチキスでとめる
ひもで縛ってもよい

広げると
できあがり

菊の花の作り方

① 4つ折りにする

② 折り目だけをつける　中心

③ 中心

④ 半分に折る　中心

⑤ 広げるとできあがり　中心
花びらの形に切りぬく

⑥

⑦ 大小2～3枚を重ねてはり、まん中に丸く切った黄色い紙をはる

P.2「チューリップ」P.3「おひるね」の型紙

蝶

P.3「ぶどうがり」の型紙

型紙

ぶどうの葉

71

P.6 とんぼ，木の葉の型紙

P.10「給食開始」の型紙

型紙

P.10「入学式」「1年生との対面式」の型紙

たんぽぽの葉

型紙

P.14「春の遠足」の型紙

KATAGAMI

P.15「愛鳥週間」の型紙

型紙

P.19「父の日」の型紙

型紙

79

P.26「ラジオ体操」の型紙

型紙

81

P.26「林間学校」P.35「社会見学」の型紙

型紙

83

KATAGAMI

P.31「敬老の日」の型紙

型紙

85

P.34「運動会」P.50「マラソン大会」の型紙

型紙

87

KATAGAMI P.38「学芸会」の型紙

型紙

P.43「おもちつき」の型紙

型紙

91

P.15 「母の日」の型紙

髪のモ

髪のモの
まん中へ

P.47「かきぞめ」の型紙

型紙

P.54「啓ちつ」の型紙

つくし

P.59「体重測定」の型紙

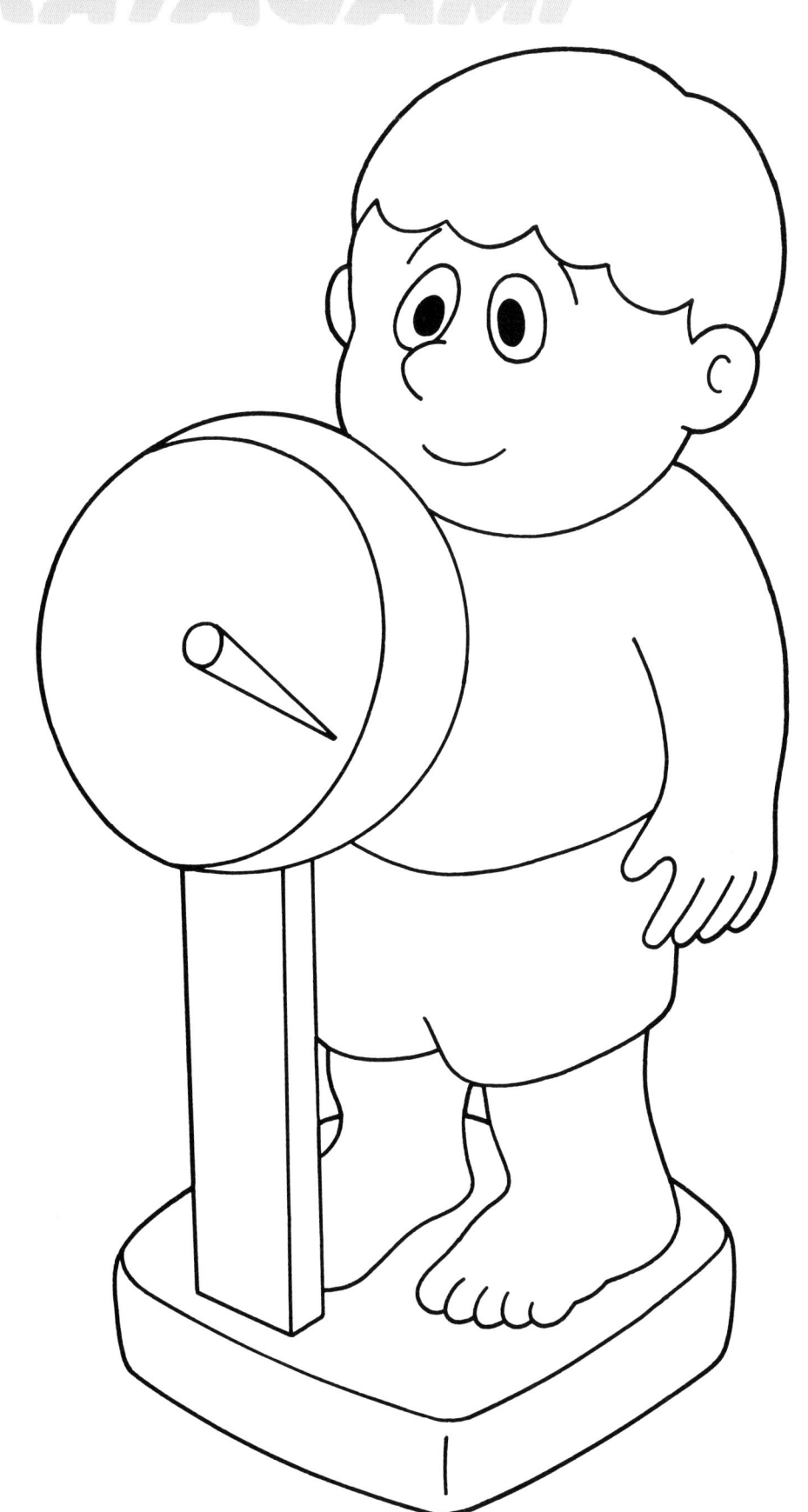

型紙

著者紹介

北山　緑

1958年　大阪市生まれ

大阪教育大学卒

元，大阪市立丸山小学校　教諭

元，大阪市立山之内小学校　教諭

　児童の美術，図工教育について，現場での実践と研究を重ねる。

1993年　渡豪

　オーストラリアの小，中学校で壁面構成を活用した日本語教育を実践

1995年　帰国

　「小学校の楽しい壁面構成」執筆（既刊）

●制作協力●

　大阪市立丸山小学校のみなさん

　大阪市立山之内小学校のみなさん

　黒田佳穂，鎌田彩，清水貴子

　光崎英利，山室大地，格谷雅徳，神田今日子

　北山仁士，北山一樹

写真撮影　㈱スタジオ・フレックス　三宅隆博
本文レイアウト・図版制作　山本耕一

小学校の壁面構成12ヵ月

2001年2月25日　初版発行
2008年1月15日　4刷発行

著　者　北　山　　緑
発行者　武　馬　久仁裕
印　刷　株式会社　太　洋　社
製　本　株式会社　太　洋　社

発行所　株式会社　黎　明　書　房

460-0002　名古屋市中区丸の内3-6-27 EBSビル　☎052-962-3045
FAX 052-951-9065　振替・00880-1-59001
101-0051　東京連絡所・千代田区神田神保町1-32-2 南部ビル302号
☎03-3268-3470

落丁本・乱丁本はお取替します　ISBN978-4-654-05256-1
Ⓒ M. Kitayama 2001, Printed in Japan